Preußenadler über dem Rhein

Eine Spurensuche rund um den Drachenfels
Mit Fotografien von Axel Thünker

Preußenadler über dem Rhein

Eine Spurensuche rund um den Drachenfels
Mit Fotografien von Axel Thünker

Siebengebirgsmuseum
der Stadt Königswinter

2015

BOUVIER

Impressum

Die vorliegende Publikation erscheint zur gleichnamigen Sonderausstellung im Siebengebirgsmuseum der Stadt Königswinter vom 21. Mai bis 18. Oktober 2015.

Eine Ausstellung des Siebengebirgsmuseums der Stadt Königswinter,
in Zusammenarbeit mit dem Rheinischen Verein für Denkmalpflege und Landschaftsschutz:

Gefördert vom Landschaftsverband Rheinland:

Projektleitung, Konzeption und Redaktion: Elmar Scheuren
unter Mitwirkung von Dr. Irene Haberland und Dr. Christiane Lamberty

Weitere Autoren: Gudrun Birkenstein M.A., Ursula Gilbert M.A., Dr. Ansgar S. Klein, Sandra Laute M.A., Dr. Elmar Heinen, Stefan Herritsch, Bettina Oesl M.A., Prof. Dr. Hermann Roesch, Dr. Inge Steinsträßer

Lektorat: Dr. Gisela Henze

Ausstellungsgestaltung: Günther Marquardt – Gestaltung; Köln

Ausstellungsgestaltung, graphische Arbeiten: Sandra Marquardt – Graphik-Design, Siegburg

Leihgeber der Ausstellung:
Archiv Gutenberghaus, Bad Honnef
Evangelische Kirchengemeinde Bad Honnef
Stadtrevierförsterei, Bad Honnef
LVR LandesMuseum Bonn
Sammlung RheinRomantik, Bonn
Stadtarchiv und Stadthistorische Bibliothek der Stadt Bonn
Generaldirektion Kulturelles Erbe Rheinland-Pfalz, Mainz
Mittelrhein-Museum Koblenz
Bezirksregierung Köln, Dezernat 35 - Sonderliegenschaften
Dombauhütte Köln
Kölnisches Stadtmuseum, Köln
Stadtarchiv Königswinter
Heimatverein Siebengebirge e.V., Königswinter
Archiv des Landschaftsverbandes Rheinland, Pulheim-Brauweiler
Stiftung Sammlung Volmer, Wuppertal
sowie private Leihgeber

Herausgeber: Siebengebirgsmuseum der Stadt Königswinter

Satz und Layout: gb-s Mediendesign, Königswinter

ISBN 978-3-416-03386-2

© Bouvier Verlag, Bonn 2015

Alle Rechte vorbehalten. Ohne ausdrückliche Genehmigung des Verlages ist es auch nicht gestattet, das Werk oder Teile daraus fotomechanisch zu vervielfältigen oder auf Datenträger aufzuzeichnen.

Inhalt

Vorwort
Grußwort
Einführung

DENKMÄLER

„Das Eiserne Kreutz soll oben angebracht werden"
Der Drachenfels als politische Plattform · Elmar Scheuren — 12

„Die glücklichste Lösung der Platzfrage"
Denkmalpläne – Denkmalkult · Elmar Scheuren — 22

„Böllerschüsse und großer Zapfenstreich"
Kriegergedenken · Christiane Lamberty — 30

STAAT

„Ein der Stadt würdiges Rathaus"
Preußische Verwaltung · Ansgar S. Klein — 40

„Das Gute und das Rechte"
Rechtsprechung im preußischen Rheinland · Elmar Heinen — 48

„Ein wahrer Golddampf"
Der lange Weg zur Eisenbahn · Gudrun Birkenstein, Ursula Gilbert — 56

„Beobachtung bei bedecktem Himmel"
Die Löwenburg und die Vermessung der Rheinlande · Stefan Herritsch — 68

„Ein schönes Ritterschloß im reinsten byzantinischen Stil"
Preußische Burgen am Rhein · Irene Haberland — 76

GESELLSCHAFT

„Aus Furcht vor Anstoß unterließ man den Gesang"
Protestanten am Fuße des Drachenfels · Sandra Laute — 84

„Anhänglichkeit an den heiligen Vater"
Im Kulturkampf · Bettina Oesl — 94

INHALT

„Gesellige Vereinigung und wissenschaftliche Unterhaltung"
Königswinterer Casino-Gesellschaften · Christiane Lamberty, Elmar Scheuren 102

„Zur Hebung eines gesunden, kräftigen Mannesstammes"
Turnen als Dienst am Vaterland · Elmar Scheuren 110

„Zum Volkswohl für Königswinter"
Volksbildung und Mäzenatentum · Elmar Scheuren 118

LANDSCHAFT

„Durch eine Allerhöchste Cabinets-Ordre anbefohlen"
Denkmal- und Landschaftsschutz am Drachenfels · Elmar Scheuren 126

„Ein modernes Gedicht Freiligrath's"
Der Rolandsbogen und die preußische Denkmalpflege · Ansgar S. Klein 136

„Eine Wacht am Rhein"
Oberpräsident Nasse und der Schutz des Siebengebirges · Elmar Heinen 146

„Wohlthaten soll man nicht aufdrängen"
Gesetze gegen die Verunstaltung der Landschaft · Christiane Lamberty 154

„Daß der Zustand des Gemeindewaldes kein geregelter ist"
Aufforstungspolitik im Siebengebirge · Christiane Lamberty 162

PERSONEN

„Ich lieb und ehr vor allen mein deutsches Vaterland"
Wolfgang Müller von Königswinter – ein liberaler Patriot · Elmar Scheuren 170

„Dem Dichter und nicht dem Politiker"
Das Gottfried-Kinkel-Denkmal in Oberkassel · Hermann Roesch 182

„Durch Pechfackeln oder elektrische Kraft beleuchtet"
Bismarck-Mythos im Siebengebirge und in der Region · Inge Steinsträsser 190

„Dem Landesherrn stürmische Ovationen"
Das Volk und sein Kaiser · Bettina Oesl 198

Zur Person: Axel Thünker 206
Bildnachweis 208

Vorwort

„Preußen" – dieses Stichwort lässt viele Rheinländer immer noch aufhorchen. Dass die damit verbundenen Empfindungen auch heute noch zwiespältig sein können, lässt sich kaum verhehlen. Wir müssen uns nur an die Debatten des Jahres 1990 um die Verlegung der Bundeshauptstadt von Bonn nach Berlin erinnern, um festzustellen, welche Intensität die Rivalität zwischen den beiden Standorten gewinnen konnte.

Vor diesem Hintergrund passt es wunderbar, dass in diesem Jahr vielerorts das 200-jährige Jubiläum der preußischen Präsenz im Rheinland begangen wird: Das Gedenken liefert einen willkommen Anlass, um die Ursprünge eines spannungsreichen und zugleich produktiven Verhältnisses zu erkunden. Es freut mich, dass auch unser Museum einen Beitrag zum großen Konzert liefert. Es knüpft damit nahtlos an eine Ausstellung an, die vor gut einem Jahr den Ereignissen rund um die „Befreiungskriege" und besonders den Aktivitäten des „Landsturms vom Siebengebirge" gewidmet war. Von hier aus richtet sich der Blick nun chronologisch weiter nach vorne in die Zeit des 19. Jahrhunderts.

Unsere Region ist ein Kernland jenes „romantischen Rheins", der bis ins preußische Königshaus hinein große Emotionen freisetzen konnte. Aber die Rheinprovinz war groß und hatte viele Facetten, die in diesem Jahr in zahlreichen Ausstellungen, Tagungen, Exkursionen und Veranstaltungen beleuchtet werden. Dem Rheinischen Verein für Denkmalpflege und Landschaftsschutz ist es zu verdanken, dass diese vielfältigen Initiativen unter seinem Dach vereint werden und dadurch breite Wirkung entfalten können. Dabei spielt der Projekttitel „Danke* Berlin" mit der dem Thema innewohnenden Ironie eine wichtige Rolle – und ist sicher ganz dazu angetan, einige Berliner einmal mehr den Kopf über „diese Rheinländer" schütteln zu lassen.

Mein besonderer Dank gilt dem Fotografen Axel Thünker, dessen Zusammenarbeit mit dem Siebengebirgsmuseum inzwischen bereits auf eine lange Tradition zurückblickt, mit diesem Projekt aber sicherlich einen vorläufigen Höhepunkt erreicht. Dem Rheinischen Verein danke ich für seine Initiative und Unterstützung und dem Landschaftsverband Rheinland für seine finanzielle Förderung, ohne die – einmal mehr – dieses Projekt nicht hätte stattfinden können. Es freut mich sehr, dass dadurch eine breitere Öffentlichkeit von den Arbeitsergebnissen eines kleinen und kompetenten Teams aus festen und freien Museumsmitarbeitern profitieren kann. Die Ausstellung kann neben eigenen auch zahlreiche Leihgaben aus öffentlichem und privatem Bestand präsentieren; dafür danke ich allen, die ihre Objekte großzügig zur Verfügung gestellt haben. Dem Ausstellungsprojekt und dieser Publikation wünsche ich viel Erfolg!

Peter Wirtz
Bürgermeister

Vorwort

Ansicht der Festung Ehrenbreitstein

Johann Adolf Lasinsky (1808-1871); Öl auf Leinwand, 1828

Hoch über einer sehr belebten Szenerie zeigt Lasinsky die restaurierte Festung im Jahr ihrer Fertigstellung. Über dem neuen Bau lässt er eine überdimensionierte preußische Fahne wehen.

LVR-LandesMuseum Bonn

Grußwort

Sie [die Rheinländer] betrachten ihr Land nicht als einen integrirenden Theil der preußischen Monarchie, sondern als ein Eur[er] Königlichen Majestät Scepter unterworfenes besonderes Land, mit eigenen Institutionen und Gesetzen, occupirt und verwaltet von fremdem Militair und fremden Beamten. Und in der That, ich vermag es nicht in Abrede zu stellen, auch auf mich hat das Land und das Volk nicht den Eindruck gemacht, als befände ich mich im preußischen Vaterlande und unter Landsleuten; auch mir gewährte es den Eindruck eines von Preußen occupirten und verwalteten fremden Landes.

Im Zuge des Wiener Kongresses und der Neuordnung Europas nach den napoleonischen Kriegen wurde das Rheinland am 5. April 1815 Teil des Königreiches Preußen. Damit begann eine intensive politische, kulturelle, soziale und wirtschaftliche Beziehung zwischen der Rheinprovinz und dem preußischen Kernland, die nicht immer unproblematisch war. Der oben zitierte Passus aus dem Bericht des preußischen Innenministers Gustav Rochus von Rochow an König Friedrich Wilhelm III. nach einer Inspektionsreise durch die Rheinprovinz im Sommer 1837 lässt das erahnen.

Nahezu 100 Hochschuleinrichtungen, Kulturinstitute, Denkmalämter, Museen, Bildungswerke, Verbände oder Vereine haben sich entschlossen, in 2015 an diese 200-jährige, überaus wechselvolle und facettenreiche Beziehung unter dem gewollt ambivalenten Titel „Danke* Berlin. 200 Jahre Preußen am Rhein" zu erinnern und sie angemessen zu würdigen. Der 1906 vom preußischen Landeskonservator Paul Clemen gegründete Rheinische Verein für Denkmalpflege und Landschaftsschutz, dessen Vereinsgebiet immer noch die ehemalige preußische Rheinprovinz umfasst, kam der Bitte, die mehr als 450 Veranstaltungen zwischen Kleve und Bingen, Montabaur und Saarbrücken zu koordinieren, schon aufgrund seiner Geschichte gerne nach.

Das Gesamtprojekt steht unter der Schirmherrschaft der Ministerpräsidentinnen der Länder Nordrhein-Westfalen sowie Rheinland-Pfalz, Hannelore Kraft und Malu Dreyer. Es wird im Rahmen der Regionalen Kulturpolitik des Landes Nordrhein-Westfalen vom Ministerium für Familie, Kinder, Jugend, Kultur und Sport NRW, vom Landschaftsverband Rheinland und auch von der Nordrhein-Westfalen Stiftung Naturschutz, Heimat und Kulturpflege großzügig gefördert. Ihnen gilt unser aller Dank.

200 Jahre – 200 Tage: Von April bis Oktober 2015 geht es an wechselnden Orten in einer bunten Reihe von Veranstaltungsformaten und einem breit gefächerten Themenspektrum vornehmlich darum, das seit 1815 aus vielerlei Gründen oft spannungsgeladene Verhältnis des Rheinlandes zu Preußen und umgekehrt kritisch zu betrachten bzw. zu diskutieren und so auf unterschiedlichen Ebenen Nachdenklichkeit und Reflexion, aber auch Verständnis und Sensibilität für die Vergangenheit und die Gegenwart gleichermaßen zu wecken (www.danke-berlin-2015.de).

Eine der zentralen Veranstaltungen ist die Ausstellung „Preußenadler über dem Rhein" im Siebengebirgsmuseum in Königswinter. Der Ausstellung, in der der Photograph Axel Thünker wieder einmal mehr seine Einfühlsamkeit und sein Können unter Beweis stellt, und dem wunderbaren Begleitbuch mit seinen überaus lesenswerten Beiträgen wünsche ich die gebührende Aufmerksamkeit und viel Erfolg.

Prof. Dr. Heinz Günter Horn
Vorsitzender des Rheinischen Vereins
für Denkmalpflege und Landschaftsschutz

Hotel „Berliner Hof", Königswinter
Aufnahme um 1925 (?), Ausschnitt
Siebengebirgsmuseum

Einführung

Viele Jahrzehnte preußischer Präsenz am Rhein haben Spuren hinterlassen – davon zeugen zahlreiche Gebäude und Landschaftspunkte im Rheinland. Die Ausstellung des Siebengebirgsmuseums und die in dieser Publikation zusammengestellten weiterführenden Beiträge stellen eine Auswahl solcher Bezugspunkte vor, skizzieren ihre Entstehung und spüren ihren preußischen Merkmalen nach. Räumliche Orientierung bieten dabei der Rhein und die prominente Region rund um das Siebengebirge und den Drachenfels.

Der berühmte Berg und seine Umgebung stellen in besonderer Weise einen Kristallisationspunkt dar: Unter Angehörigen des preußischen Königshauses erfreute sich diese Region großer Beliebtheit, die in persönlichen Besuchen und außerordentlichem Engagement für Erhaltungs- oder Baumaßnahmen zum Ausdruck kam. Die Bedeutung des Drachenfels ließ hier in den Jahren um 1830 die Idee und frühe Praxis staatlichen Denkmal- und Landschaftsschutzes entstehen. Der Berg eignet sich also sehr gut als Ausgangspunkt für eine Dokumentation verschiedenster Erscheinungsformen preußischer Aktivitäten, ihrer historischen Genese und heutigen Spuren.

Im Zentrum stehen somit Orte, Denkmäler und Gebäude, die im Zusammenhang mit preußischen Traditionen stehen. Am Berg selbst sind es die erhaltene Ruine und die eingestellten Steinbrüche, die von den Anfängen staatlicher Schutzmaßnahmen zeugen – mit einer vor dem zeitgenössischen Hintergrund der Steinlieferungen für den Kölner Dom höchst vielschichtigen und öffentlich breit geführten Diskussion. Erhaltene Denkmäler belegen ebenso wie die Planungen nicht realisierter Vorhaben das starke Bedürfnis nach politischer Präsenz – und leiten damit den Blick zu öffentlichen und privaten Bauten oder Schauplätzen der nahen und weiten Umgebung. Sie werden jeweils als Anlass für die Darstellung spezifischer Erscheinungsformen etwa auf den Gebieten von Verwaltung, Justiz, Forstwesen, technischen Neuerungen oder neuen konfessionellen und gesellschaftlichen Strukturen genommen.

Die Suche nach solchen Spuren wird von der Sichtweise des Fotografen geleitet: Axel Thünker hat sich der Aufgabe gestellt, charakteristische Merkmale der ausgewählten Orte in eindrucksvollen Fotografien zu dokumentieren. Seine Motive bilden jeweils den Einstieg zu den einzelnen Themen und stellen einen lebendigen Kontrast zu historisch überlieferten Bildwerken dar. Ihre Aktualität öffnet den Blick für die Qualität rheinromantischer Ansichten, die das zeitgenössische Idealbild „Rheinpreussens" spiegeln. Dabei erweist sich die preußische Wahrnehmung der Rheinlandschaft auf den zweiten Blick als vielschichtig: Vordergründig historisch-idealisierend, belegt sie zugleich eine hohe Sensibilität für das große Entwicklungs- und Innovationspotenzial der neuen Rheinprovinz.

In diesem Sinne kann die Perspektive des „Preußenadlers" aus heutiger Sicht immer noch dazu beitragen, zahlreiche rheinische Orte in neuem Licht erscheinen zu lassen. Das Projekt des Siebengebirgsmuseums versteht sich daher auch als Anregung, die „preußischen" Orte ganz real zu besuchen – um sie dann vielleicht mit anderen Augen zu sehen.

Elmar Scheuren
Museumsleiter

Elmar Scheuren

Der Drachenfels als politische Plattform

„Das Eiserne Kreutz soll oben angebracht werden"

Denkmal auf dem Drachenfels
Axel Thünker, 2014

Landsturmdenkmal von 1814
Südostansicht

Nach Entwurf v. A. von Vagedes; hg. v. Büsen und Breitenstein, Düsseldorf; kolorierte Radierung, um 1830

(im Original wohl versehentlich mit „gegen Nord-ost" [sic!] statt mit „gegen Nordwest" bezeichnet.)

Kölnisches Stadtmuseum

Mit den „Befreiungskriegen" und dem Ende der französischen Herrschaft gewann die Rheinlandschaft eine besondere Bedeutung. Auf der Suche nach Symbolen zur Förderung einer kollektiven Identität erschien der „deutsche Rhein" als besonders gut geeignet. Die Kampfschrift „Der Rhein, Teutschlands Strom, aber nicht Teutschlands Gränze" von Ernst Moritz Arndt legte den Grundstein für eine Politisierung, die von der propagandistischen Wirkung realer Geschehnisse zusätzlich gefördert wurde – so lieferte etwa der Rheinübergang der Truppen des Generals Blücher ein wirkmächtiges Bild und Symbol für den Sieg der alliierten Truppen über die napoleonische Armee. In ähnlicher Weise trugen örtliche Überlieferungen zur Popularisierung der politischen Wahrnehmung des Rheins bei, und hierfür liefert das Siebengebirge ein typisches Beispiel.

Die Widmung des ersten Denkmals auf dem Drachenfels galt einer Bürgerwehr (dem „Landsturm"), die sich zum Schutz der Bewohner in den Kriegswirren nach der Leipziger Schlacht im Oktober 1813 gegründet hatte. Zwischen dem Rückzug der napoleonischen Armee und dem Vormarsch der Alliierten waren die rheinischen Städte und Dörfer von Einquartierungen, Plünderungen und vielfältigen Übergriffen betroffen. Führende Beamte und Unternehmer organisierten eine breite Mobilisierung im Raum Siebengebirge. Tatkräftige organisatorische Unterstützung leistete dabei eine preußische Militäreinheit unter Major Franz von Boltenstern, die im November und Dezember in Königswinter

D er Standort ist bis heute einer der prominentesten, den die Rheinlandschaft zu bieten hat. Auf der Höhe des Drachenfels, zu Füßen der sagenumwobenen Burgruine wurde im Oktober 1814 erstmals ein Denkmal errichtet, das *den künftigen Jahrhunderten ein sprechender Zeuge* sein sollte – so beschrieben die Initiatoren den Zweck der Stele zur Erinnerung an den „Landsturm vom Siebengebirge". Die Realität allerdings sah ganz anders aus: Nach 30 Jahren war sie schon baufällig und wurde abgetragen. Damit eröffneten sich aber den preußischen Machthabern neue Möglichkeiten der Selbstdarstellung.

Drachenfels und Landsturmdenkmal

William Tombleson (1795 – ca. 1846); Stahlstich, 1832

Die Darstellung verdeutlicht die beabsichtigte Wirkung des Denkmals vor der imposanten Landschaftskulisse.

Siebengebirgsmuseum/ Heimatverein Siebengebirge

Quartier bezogen hatte. Zum Zeitpunkt von „Blüchers Rheinübergang" in der Neujahrsnacht 1814 war diese Einheit bereits nach Mülheim bei Köln verlegt worden; den Major trieb aber umso mehr der Ehrgeiz, einen wesentlichen Beitrag zum Sieg über Napoleon zu leisten. Er initiierte eine Aktion, bei der auch der „Landsturm" – entgegen seiner grundsätzlich rein defensiven Bestimmung – militärisch aktiv werden sollte: Am 3. Januar vertrieb eine seiner Einheiten die französische Besatzung von der Insel Nonnenwerth, während gleichzeitig rund 200 preußische Soldaten unter von Boltenstern bei Mülheim über den Rhein setzten, um Köln den Franzosen zu entreißen. Beide Aktionen scheiterten an französischer Überlegenheit und kosteten Menschenleben – auf

Das Eiserne Kreutz soll oben angebracht werden

Drachenfels mit Steinbruch und Denkmal

Johann Carl Billmark (1804-1870); Farblithographie, 1837

Siebengebirgsmuseum/Heimatverein Siebengebirge

Nonnenwerth erlitt ein Königswinterer Gutspächter, Johann Joseph Genger, eine tödliche Verletzung, während bei Köln mindestens 20 Soldaten und der Major von Boltenstern ihr Leben ließen.

Diese Geschehnisse waren der Anlass für die Stiftung des Denkmals, das im Rahmen von Feierlichkeiten zum ersten Jahrestag der Schlacht bei Leipzig im Oktober 1814 errichtet wurde. Ausdrücklich wurden in der Inschrift die Namen des Landsturmmannes Genger und des kommandierenden Majors von Boltenstern benannt – dass die übrigen Gefallenen unerwähnt blieben, war in den Augen der Zeitgenossen offenbar nichts Ungewöhnliches.

Die Denkmal-Einweihung war einer der Höhepunkte eines landesweit gefeierten Siegesfestes am 18. Oktober 1814. Sie stellte im Rahmen der vielerorts stattfindenden Aufmärsche und nächtlichen Höhenfeuer eine der herausragenden Einzelaktionen dar und trug dazu bei, dass die patriotische Aufladung der Rheinlandschaft einen ersten Höhepunkt erlebte.

Die restaurative Praxis preußischer Politik setzt den nationalen und freiheitlichen Manifestationen bald ein Ende. Bonner Studenten nutzen zwar den Berg für Ausflüge und als Kulisse ihrer Semesterbilder – die Verknüpfung mit politischen Bekenntnissen aber wird behördlicherseits untersagt. So scheitern auch die Bonner Turner mit ihren Initiativen für Wiederholungen der „Befreiungsfeier" am 18. Oktober; als ersatzweises Ziel müssen sie etwa 1819 auf den Kreuzberg ausweichen. Wie zur Illus-

tration dieser staatlichen Repression zeigt das Landsturmdenkmal schon bald Verfallserscheinungen aufgrund schlechten Steinmaterials. Sie sind bereits 1843 so weit fortgeschritten, dass die zuständige Behörde die Abtragung verfügt. Die patriotische Aura des Ortes jedoch besteht fort; dafür liefert eine Episode aus dem Vormärz ein anschauliches Beispiel.

Mit dem Regierungsantritt Friedrich Wilhelms IV. 1842 waren die staatlichen Restriktionen gegenüber der national-freiheitlichen Bewegung zunächst gelockert worden. So griffen die Sänger frühere Traditionen auf und veranstalteten im Juni 1846 in Köln ein „flämisch-deutsches Sängerfest". Zentraler Programmpunkt der patriotisch motivierten Großveranstaltung war ein Ausflug

Besuch des deutsch-vlämischen Sängerfestes auf dem Drachenfels

Zeitungsillustration nach J.B. Sonderland, 1846

Der zu diesem Zeitpunkt leere Denkmalsockel dient als Podium für den Festredner.

Leihgabe aus Privatbesitz

Das Eiserne Kreutz soll oben angebracht werden

Neues Landsturmdenkmal 1857
Christian Hohe; Stahlstich, um 1857/58
Siebengebirgsmuseum/Heimatverein Siebengebirge

Der Drachenfels als politische Plattform

zum Drachenfels. Eine Zeitungsillustration zeigt anschaulich die Größe der Kundgebung und die eindrucksvolle Wirkung der Teilnehmermenge vor der landschaftlichen Kulisse. Am Rande ist der leere Denkmalsockel zu sehen, nunmehr in neuer Funktion als Podium für den Festredner. In seiner Ansprache nutzte Ernst Weyden die Gelegenheit für deutliche Worte, die den Rhein in seiner Rolle als Symbol deutscher Einheit und freiheitlicher Rechte beschworen:

Im Angesicht des deutschen Stromes, des Rheines, wollen wir uns aber in dieser großen Stunde als Söhne Eines Vaterlandes [...] fest und treu das Gelöbnis steter Eintracht leisten, die eine neue lebensfrische Wurzel treibe in dem deutschen-vlämischen Sängerbunde. Hoch unserem Sängerbunde [...] und dreimal Hoch dem einigen deutschen Vaterlande.

Die Abtragung des verfallenden Landsturmdenkmals hatte schon unmittelbar nach Bekanntwerden eine Diskussion um den Wiederaufbau ausgelöst. Sogar der König kündigte seine Unterstützung an. Die dann folgende, rund 10 Jahre währende Debatte liefert ein Musterbeispiel preußischer Interessenpolitik.

Den Entwurf für eine neue Stele lieferte kein Geringerer als der Kölner Dombaumeister Ernst Friedrich Zwirner. Seine neogotische Säule fand das Wohlgefallen des Königs – unter zwei Bedingungen, die er persönlich als Randvermerk auf der Entwurfsskizze notierte: *Das Eiserne Kreutz soll oben angebracht werden. – Soll ich übrigens mehr als die Hälfte* [spätere Einfügung: *3/5*]

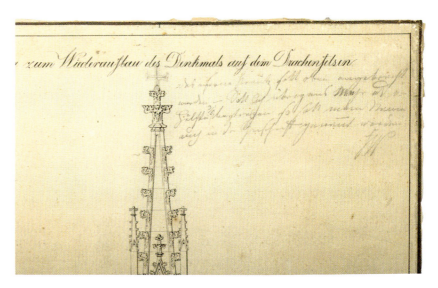

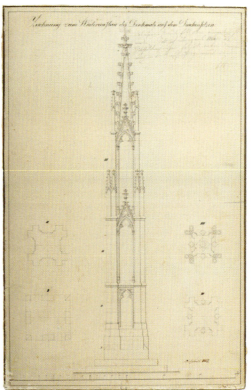

Entwurf für das neue Denkmal

Ernst Friedrich Zwirner (1802-1862; signiert u. re.); Tusche-Federzeichnung, vor 1857

Eine persönliche handschriftliche Notiz des Königs Friedrich Wilhelm IV. zeugt von seiner Einflussnahme auf die Gestaltung und Beschriftung des neuen Denkmals (Wortlaut siehe Textbeitrag).

Siebengebirgsmuseum

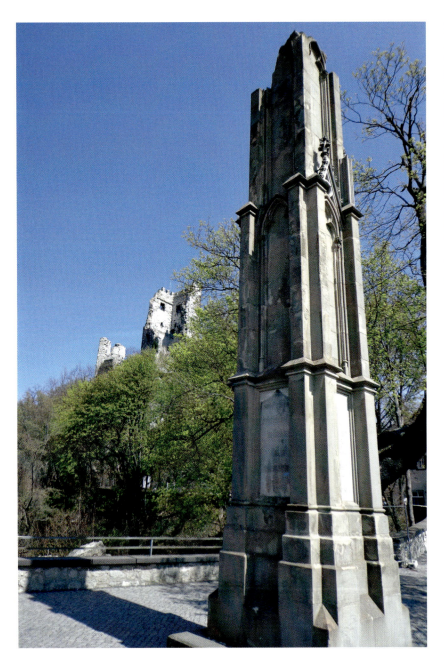

Landsturmdenkmal von 1914
Aufnahme 2013

Die verkleinerte Nachbildung des ersten Denkmals von 1814 trägt – neben den originalen Inschriften – eine Tafel zur Neuerrichtung im Mai 1914.

Landsturmdenkmal heute
Aufnahme 2013

beytragen so soll mein Name auch in der Inschrift genannt werden – [gez.] FW. Beide Wünsche sollten erfüllt werden, denn das Komitee zur Errichtung des neuen Landsturmdenkmals sah den wichtigsten Zweck des Monuments im Gedenken *hauptsächlich einer weltgeschichtlichen patriotischen Volkserhebung* – und verzichtete auf die Nennung der beiden Namen, weil diese *nur in solchen Fällen zulässig ist, wo der Name der Einzelnen in Folge einer hervorragenden Tat mit der Sache in Verbindung gebracht werden kann. Ein solcher Fall liegt hier aber nicht vor.* Die Inschriften des neuen, am 22. August 1857 eingeweihten Denkmals würdigen seither neben dem „Landsturm" auch den König: *Neu errichtet im dankbaren Rückblick auf die 42 Friedensjahre unter der gesegneten Regierung Friedrich Wilhelm IV durch freiwillige Beiträge im Jahre 1857.*

Doch auch das zweite Denkmal war bald – nach knapp 20 Jahren – renovierungsbedürftig, und wieder war schlechtes Steinmaterial der Grund. Ein weiteres Mal kam der preußische König – inzwischen deutscher Kaiser Wilhelm I. – für die Kosten auf und ließ sich mit einer weiteren Inschrift verewigen: *Um die Erinnerung dauernd zu erhalten aus festem Gestein erneut [erneuert] nach Wiederherstellung des deutschen Reiches durch den ersten Kaiser Deutschlands Wilhelm König von Preußen 1876.* Mit dieser Initiative belegte das Königshaus einmal mehr seinen Spürsinn für demonstrative Gesten, die vor allem der festen Verankerung preußischer Präsenz am Rhein dienen sollten. Am Drachenfels gelang dies auf lange Zeit, denn selbst erhebliche Schäden aus dem letzten Weltkrieg schmälern bis heute nicht die imposante Wirkung des Monuments.

1914 bekam dieses Mahnmal sogar Gesellschaft: Nachfahren des auf dem ersten Monument benannten Majors von Boltenstern erreichten nach jahrelangen Verhandlungen die zusätzliche Errichtung einer originalgetreuen Rekonstruktion der ursprünglichen Denkmalfassung – in kleinerem Maßstab, aber mit den wortgleichen Inschriften von 1814. Im Geist der militaristischen Begeisterung in den Monaten vor Ausbruch des Ersten Weltkriegs erfolgte die Einweihung im Mai 1914 auf einem etwas höher gelegenen Plateau im Bereich der ehemaligen Drachenfelser Vorburg. So künden heute zwei nahe beieinander liegende Denkmäler vordergründig von patriotischen Taten, tatsächlich vermitteln sie aber tiefe Einblicke in den Geist ihrer jeweiligen Entstehungszeit.

Landsturmdenkmal von 1857
Leipziger Illustrierte Zeitung vom 19.9.1857
Siebengebirgsmuseum

Literatur und Quellen

Oesl, Bettina: Der Drachenfels als patriotischer Ort, in: Siebengebirgsmuseum/Professor-Rhein-Stiftung, Königswinter: Rheinreise 2002, Der Drachenfels als romantisches Reiseziel (Katalog zur gleichnamigen Sonderausstellung), Bonn 2002, S. 162-169 – Siebengebirgsmuseum der Stadt Königswinter (Hg.): Kampf um den Rhein – Das Ende Napoleons und der ‚Landsturm' vom Siebengebirge, Bonn 2014 – Scheuren, Elmar: 1814-1914, Der Rhein als Symbol, der Drachenfels als Bühne, in: Rheinische Heimatpflege, Heft 1 / 2014, Köln 2014, S. 15-24 – Verbeek, Albert: Das Denkmal auf dem Drachenfels, in: Der Mensch und die Künste, Festschrift für Heinrich Lützeler, Düsseldorf 1962, S. 483-493

Elmar Scheuren

Denkmalpläne – Denkmalkult

„Die glücklichste Lösung der Platzfrage"

Der Drachenfels ohne Kaiser-Wilhelm-Denkmal
Axel Thünker, 2015

Die glücklichste Lösung der Platzfrage

Entwurf für ein idealisiertes Blücher-Denkmal am Rhein, 1819

Georg Emmanuel Opiz (1775-1841); kolorierte Aquatinta, bez.: *Idealisch-historisches Denkmal des verewigten Königlich Preussischen Ober-Befehlshaber etc. des würdigsten deutschen Helden Fürsten Blücher von Wahlstadt nebst der Ansicht der Siebengebürge an den deutschen Rheine. Sr. Sr. K. Königlichen Hoheiten denen Prinzen Wilhelm Carl und Friedrich von Preußen*

Das Blatt ist Teil einer Serie allegorischer Gedenkbilder zu berühmten Persönlichkeiten oder Ereignissen – hier für den General Blücher vor der Kulisse des Siebengebirges.

Privatbesitz

Das „Dreikaiserjahr" 1888 brachte für die preußische königliche Familie eine einschneidende Wende. Mit dem Tod Wilhelms I., der Nachfolge seines Sohnes Friedrich III. und – nach dessen Tod nach nur 99 Tagen – der Inthronisierung von Wilhelm II. begann eine neue Ära. Das Andenken an Wilhelm I. und seine Krönung zum deutschen Kaiser 1871 bot eine willkommene Gelegenheit, um die Bedeutung seiner Regentschaft für die Neukonstituierung des Deutschen Reiches zu würdigen. Deutschlandweit setzte eine Welle des Gedenkens ein. Unterschiedliche Erinnerungsformen dienten der Glorifizierung des Preußischen Königshauses und seiner neuen nationalen Repräsentanz. Besonders hochfliegende Pläne im Siebengebirge sorgten für jahrelangen Diskussionsstoff.

Die Nutzung des Siebengebirgs-Panoramas als Kulisse für politische Symbole hatte inzwischen – nach über 70 Jahren preußischer Herrschaft – schon Tradition. Nach dem ersten, 1814 eingeweihten Landsturm-Denkmal auf dem Drachenfels waren weitere Erinnerungsmale diskutiert und teilweise auch realisiert worden. In Königswinter wurde nach dem Besuch des Kronprinzen Friedrich Wilhelm am 3. Juli 1815 an jener Stelle ein schlichter Stein gesetzt, die der königliche Reisende für eine Ruhepause auserkoren hatte. Im Rahmen seiner ersten Rheinreise hatte der 20-jährige Prinz den Drachenfels erklommen. Die Rückkehr an das Königswinterer Rheinufer nutzte er für eine Rast, bevor er – mit Salutschüssen verabschiedet von einer Schulklasse des Lehrers Odenthal – seine Jacht bestieg. Der später verlorene Stein gedachte dieses Ereignisses: *Hier ruhte der Kronprinz von Preußen nach der Bergbesteigung aus – III. JUL. MDCCCXV.*

Weitere Initiativen für Denkmäler an den Berghängen oder auch auf einer der nahen Rheininseln wurden gelegentlich diskutiert, so etwa eines für Nikolaus Becker (1809-1845), den Dichter des Rheinliedes (*Sie sollen ihn nicht haben, den freien, deutschen Rhein ...*). Wenige Jahre später widmete eine Bildserie „allegorischer Denkmäler" mit Glorifizierungen berühmter Personen und Ereignisse ein Blatt dem General Blücher. Als landschaftliche Umgebung dieses fiktiven Monuments wählte der Zeichner den Drachenfels – und setzte damit einmal mehr die mit dem Rhein konnotierte patriotische Bedeutung ins Bild.

Nach den Kriegen von 1864 und 1866 sowie vor allem nach dem deutsch-französischen Krieg 1870-71 erlebte die Erinnerungskultur eine neue Blüte. Ehrentafeln wurden meistens in Kirchen angebracht; sie trugen die Namen der Gefallenen und pflegten gleichzeitig patriotisches Selbstbewusstsein. Auch größere Mahnmale im öffentlichen Raum erinnerten an Gefallene dieser Kriege – so eine 1880 errichtete und 1945 zerstörte „Ger-

Entwurf für ein Kaiser Wilhelm-Denkmal am Drachenfels, „Motto Felswand"

Skizze, Jakobs u. Wehling (Architekten), Düsseldorf; 1889

Archiv des Landschaftsverbands Rheinland, Brauweiler

DIE GLÜCKLICHSTE LÖSUNG DER PLATZFRAGE

Abb. 1. Ansicht. Holzstich v. O. Ebel, Berlin.
Kaiser Wilhelm-Denkmal der Rheinprovinz.
Entwurf von **Jakobs** u. **Wehling** in Düsseldorf. I. Preis.

Siegreicher Wettbewerbsentwurf
Holzstich von G. Ebel nach Entwurf von Jakobs u. Wehling, Düsseldorf, 1890
Der Entwurf sieht die Platzierung des gewaltigen Bauwerks vor der südlichen Felswand im mittleren Bereich des Drachenfels vor.
Centralblatt der Bauverwaltung, 4.6. 1890, S. 225

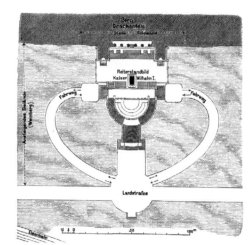

Abb. 2. Lageplan.
Kaiser Wilhelm-Denkmal der Rheinprovinz.
Entwurf von **Jakobs** u. **Wehling** in Düsseldorf. I. Preis.

mania" in Königswinter oder ein bis heute erhaltener Obelisk aus dem Jahr 1885 in Rheinbreitbach.

Nach dem Tod des Kaisers des „Neuen Deutschen Reiches", Wilhelm I., setzte eine breite Gedenkbewegung ein. Planungen für ein Nationaldenkmal in Berlin und viele regionale und örtliche Initiativen beschäftigten einige Jahre lang die Öffentlichkeit. Für die Rheinprovinz sollte ein zentrales Monument entstehen, dessen Standort allerdings umstritten war. Bereits 1888 gründete sich in Koblenz ein „Denkmalkomitee", dessen erste konkrete Vorschläge das Monument am Rheinufer vor dem Koblenzer Schloss platzierten. Viele Verfechter plädierten jedoch für einen Standort im Bereich des Siebengebirges. Eine gemeinsame Konferenz zweier Ausschüsse des „Architekten- und

Ingenieurvereins" und des „Verschönerungsvereins für das Siebengebirge" tagte im Juni 1889 in Königswinter. Als Ergebnis entwickelte sie die Grundlagen für einen provinzweiten Wettbewerb – und sprach sich für das Siebengebirge als den passenden Ort zur Aufstellung aus. Eine anonyme Denkschrift bezog – in scheinbarer Objektivität – eindeutig Position: *Hier hat nicht der Lokal-Patriotismus mitzusprechen, sondern einzig und allein die Ueberzeugung, dass der schönste und zweckdienlichste Punkt am Rhein allein würdig ist, das Denkmal unseres großen, unvergesslichen Heldenkaisers Wilhelm zu tragen.*

Der Provinzial-Landtag beschloss schon im Juli 1889 die Ausschreibung eines Wettbewerbs. Entgegen der Konferenz-Empfehlung beinhalteten dessen Bedingungen aber keine Eingrenzung der Ortswahl, sondern beschränkten sich auf die allgemeine Vorgabe „Höhe am Rhein" oder „Rhein-Insel". Ausdrücklich ausgenommen waren damit innerstädtische Standorte, worin viele Beobachter eine Vorentscheidung zuungunsten von Koblenz sahen. Hinsichtlich des Aufstellungsortes folgte die große Mehrheit der 25 eingegangenen Entwürfe dennoch der vorhergehenden Ausschussempfehlung und entwarf Projekte im Raum Siebengebirge. Dies galt auch für die drei im Frühjahr 1890 vom Preisgericht auserkorenen höchsten Preise: Der erste Preis ging an die Bewerber Jakobs und Wehling, Düsseldorf, für *die glücklichste Lösung der Platzfrage*. Ihr monumentaler Entwurf sah einen gewaltigen Terrassenbau mit großer Freitreppe und einem Reiterstandbild an der südlichen Felswand des Drachenfels vor. Die *wegen ihrer wuchtigen künstlerischen Darstellung* zweitplatzierte Arbeit von Bruno Schmitz, Berlin, favorisierte die Insel Grafenwerth, während der dritte Preis dem Bildhauer Wilhelm Albermann, Köln, zuerkannt wurde *als dem einzigen Entwurfe eines Denkmals für eine mäßige Bergeshöhe* – gemeint war damit der Hardtberg am Fuß des Drachenfels.

Die Entscheidung lag danach bei den Institutionen der Provinzialverwaltung, die deswegen auch im Fokus öffentlich intensiv geführter Debatten standen – mit den Worten des Kritikers für das „Centralblatt der Bauverwaltung": *Die Blicke nicht nur der Rheinländer, sondern des ganzen deutschen Vaterlandes, welches gleich den Bewohnern der Rheinprovinz den Rhein als seinen Strom betrachtet, werden dabei auf sie gerichtet sein.* Als im Dezember 1890 die entscheidende Sitzung des Provinzial-Landtags kurz bevorstand, wurde die Debatte noch um einen weiteren Denkmalentwurf bereichert, der von sich behauptete, dass er *wohl ohne Frage durch Schönheit seiner Umrisslinien und Einzelformen alle früher in Düsseldorf zum Wettstreit gebrachten Pläne bei weitem überträfe.* Dieser Entwurf von Georg Frentzen sah einen gewaltigen Triumphbogen mit Reiterstandbild auf dem Hardtberg oberhalb von Königswinter vor. Kritiker warnten nicht nur vor unabsehbaren Kosten, sondern machten auch auf Nachteile der gewaltigen Dimensionen aufmerksam: *In der Nähe aber wird das Kaiserbild wegen der übermäßigen Abmessungen in seiner Erscheinung ungenießbar sein.*

Die glücklichste Lösung der Platzfrage

Ansicht.
Kaiser Wilhelm-Denkmal der Rheinprovinz.
Entwurf von Bruno Schmitz in Berlin. II. Preis.

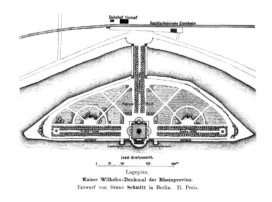

Zweitplatzierter Wettbewerbsentwurf

Holzstich von G. Ebel nach Entwurf von Bruno Schmitz, Berlin, 1890

Die geplante Bebauung der Insel Grafenwerth reicht entlang ihrer kompletten Rheinfront.

Centralblatt der Bauverwaltung, 14.6. 1890, S. 242

Die Abstimmung am 11. Dezember 1890 brachte ein schwieriges Ergebnis: Zwar erhielt der Standort „Siebengebirge" die meisten Stimmen, er verfehlte aber die absolute Mehrheit. Vor diesem Hintergrund fasste der Landtag einen zweiten Beschluss, mit dem er die endgültige Entscheidung dem amtierenden Kaiser Wilhelm II. antrug. Bis zu dessen Entscheidung im März 1890 setzten sich viele rheinische Gemeinden mit „Immediat-Eingaben" an den Kaiser für das Siebengebirge als Denkmalstandort ein. Die Zeitung „Echo des Siebengebirges" spricht schon am 7. Januar 1891 von einer *Bewegung […] zu gunsten des Siebengebirges*, polemisiert gegen die unvermindert intensiven Koblenzer Bemühungen und berichtet im Januar und Februar mehrmals wöchentlich über die neu eingehenden Verlautbarungen rheinischer Stadtverordnetenversammlungen und Bürgermeister zugunsten des Siebengebirges. Bis Mitte Januar hatten sich schon mehr als dreißig Städte und Kommunen aus dem nördlichen Teil der Rheinprovinz in diesem Sinne positioniert. Kaiser Wilhelm II. entschied schließlich aber anders und bestimmte in einer „Allerhöchsten Kabinets-Ordre" am 16. März 1891 *das an dem Zusammenfluß der Mosel und des Rheines gelegene „Deutsche Eck" in Coblenz* als Standort. Der ausschlaggebende Grund waren offenbar die engen Beziehungen der königlichen Familie zu dieser Stadt. Das nach einem Entwurf von Bruno

Schmitz gebaute Denkmal wurde am 31. August 1897 feierlich eröffnet.

Mit dieser Entscheidung hatte das Siebengebirge zwar das „Provinzialdenkmal" verloren, Überlegungen zu einem Kaiserdenkmal lebten aber weiter fort. Noch im Juli 1913 nahm die Stadt Königswinter eine Schenkung des Gutsbesitzers Ferdinand Mülhens in Höhe von 1000 Mark an, die dieser als Grundstock für die *Errichtung eines Standbildes Sr. Majestät des Kaisers* gestiftet hatte. Zur Realisierung eines *würdigen Denkmals* an *geeignetem Platze* kam es allerdings nicht. Erst 75 Jahre später sollte das Thema noch einmal für reichlichen Diskussionsstoff sorgen.

Ende der 1980er Jahre regten private Initiatoren in Koblenz die Wiederherstellung des untergegangenen Denkmals am Deutschen Eck an. Das Reiterstandbild des Kaisers war am Ende des Zweiten Weltkrieges zerstört worden, der Denkmalsockel einige Jahre später zu einem „Mahnmal der deutschen Einheit" umgewidmet worden. Zuständige Stellen bei der rheinland-pfälzischen Landesregierung hatten die Wiederherstellung des früheren Zustandes zunächst abgelehnt. Von Seiten eines Sponsors wurde der Neuguss der Figurengruppe dennoch in Auftrag gegeben, nachdem sich Bürgermeister und Rat der Stadt Königswinter bereit erklärt hatten, dieses Standbild in Erinnerung an die Standortdebatten der Jahre um 1890 in Königswinter aufzustellen. Am Ende langer Verhandlungen wurde letztlich aber doch die Wiederaufstellung in Koblenz ermöglicht. Nach einer viel beachteten Transportfahrt rheinaufwärts von Düsseldorf nach Koblenz wurde das Standbild des Kaisers am 2. September 1993 dort wieder auf den angestammten Sockel aufgesetzt.

Entwurf eines Kaiser Wilhelm-Denkmals unterhalb des Drachenfels

G. Frentzen; Zeichnung, 1890 (Reproduktion)

Siebengebirgsmuseum/ Heimatverein Siebengebirge

Literatur und Quellen

Hardenberg, Theo: Der Drachenfels - Seine „Conservation vermittels Expropriation", in: Rheinische Heimatpflege, Heft 4, Köln 1968 – Heidermann, Horst: August Bredt und das Siebengebirge, in: Heimatblätter des Rhein-Sieg-Kreises 2016 [in Vorbereitung; dem Autor gilt besonderer Dank für die Vorab-Mitteilung einiger Quellenhinweise.] – Heimatverein Siebengebirge: Heimatbuch-Festschrift, Königswinter 1976, S. 348 ff. – Rhenanus, W.: An welcher Stelle am Rhein soll das Kaiser-Denkmal errichtet werden? Ein Mahnwort, o.O., o.J. [1889] – Weschenfelder, Klaus: „Ein Bild von Erz und Stein", 1897-1997, Kaiser Wilhelm am Deutschen Eck und die Nationaldenkmäler; zur Ausstellung des Mittelrhein-Museums, Koblenz 1997

Echo des Siebengebirges, Königswinter 1890 ff. – Ministerium der öffentlichen Arbeiten (Hg.): Centralblatt der Bauverwaltung, Nrn. 19 ff., Berlin 1890-91 – Verband deutscher Architekten- und Ingenieurvereine (Hg.): Deutsche Bauzeitung, Berlin 1890-91

KAPITEL 3

CHRISTIANE LAMBERTY

Kriegergedenken

*„Böllerschüsse und
großer Zapfenstreich"*

Ulanendenkmal bei Rhöndorf
Axel Thünker, 2014

Ulanendenkmal
Axel Thünker, 2015

Am Fuß des Drachenfels stoßen Wanderer auf ein merkwürdiges Denkmal. Auf halber Höhe, mit Blick weit über den Rhein nach Süden, wird dort seit 1925 an gefallene Soldaten eines Ulanen-Regiments erinnert. Dabei war dieses Regiment eigentlich in Saarbrücken stationiert. Der Standort am Drachenfels ist nur mit einer Denkmalkultur des 19. und beginnenden 20. Jahrhunderts zu erklären, die besonders Kriegergedenken in ihren Mittelpunkt stellte.

Seit dem Krieg 1870/71 hielten zahlreiche Denkmäler die Erinnerung an gefallene deutsche Soldaten lebendig. Der Feldzug gegen Frankreich vereinte die unterschiedlichen deutschen Staaten: *Aus den dreissig armen Fetzen wob er uns ein Prachtgewand, gab den Kindern eines Stammes wieder erst ein Vaterland*, so die Königswinterer Dichterin Margarete Mirbach. Auch in den katholischen Gegenden, die bislang eine distanzierte Haltung zum preußischen Militär gezeigt hatten, verbreitete sich eine zunehmend positive Haltung gegenüber dem Militär. Besonders die Kriegervereine verankerten militärische Wertevorstellungen in der Öffentlichkeit. Zunächst lag der Schwerpunkt dieser Vereine im protestantischen Norden und in Mitteldeutschland; erst nach und nach organisierten sich auch im Rheinland Krieger-, Veteranen- und Gardevereine.

Vermutlich gab es in Königswinter schon seit 1867 einen Veteranenverein mit den Teilnehmern des Krieges von 1866, der auch die Landsturmfahne von 1813 hütete. Sicher belegt ist die Gründung eines Kriegervereins 1873, dessen Mitgliederzahl sich Ende des Jahrhunderts auf 48 verdoppelt hatte. Mit Stolz beging man im August den Jahrestag der Schlacht bei Gravelotte und feierte 1874 die Fahnenweihe des Vereins. Unter Beteiligung beider Kirchen und der *Spitzen der Behörden* fand die Enthüllung der Fahne auf dem Schulplatz statt und wurde von patriotischen Liedern wie der „Wacht am Rhein" und der Nationalhymne begleitet. Die Vereinsmitglieder traten in Uniform auf, militärische Zeremonien wurden gewahrt, *Orden und Ehrenzeichen sind anzulegen*. Ziel war die Pflege militärischer Tugenden auch im bürgerlichen Leben. 1879 schloss sich der Verein dem „Rheinischen Krieger-Verband" an.

Außer feierlich begangenen Jahrestagen und verschiedenen anderen Festen dienten Tafeln und Denkmäler der Hochachtung der als Helden verstandenen Gefallenen. In Oberkassel wurde schon 1874 ein Denkmal enthüllt. Der Königswinterer Verein folgte

Weihe des Ulanen-Denkmals

Festschrift für die Tage 26.–27.9.1925

Das Titelbild zeigt die vier Regimentskasernen in Saarbrücken (2), Saarburg und Bonn.

Siebengebirgsmuseum/Heimatverein Siebengebirge

Ulanendenkmal mit eiserner Faust

Ansichtskarte, 1938

Aus dem Turm des Rhöndorfer Ulanendenkmals ragte ursprünglich eine Faust mit Lanze – Richtung Westen.

Siebengebirgsmuseum

BÖLLERSCHÜSSE UND GROSSER ZAPFENSTREICH

Fahne des Kriegervereins zu Königswinter, 1874

Die Fahne zeigt auf der einen Seite mit dem Adler preußischen Geist, die zweite Seite kombiniert regionale Motive (Ruine Drachenfels, Landsturm-Denkmal und Rheinlauf) mit einer „Germania". Deren Darstellung weist eine deutliche Anlehnung an das populäre Germania-Gemälde (1860) des Düsseldorfer Malers Lorenz Clasen auf.

Siebengebirgsmuseum/ Heimatverein Siebengebirge

Fahnenweihe 1874

Anzeige aus: „Echo des Siebengebirges", 15. August 1874

Die Weihe der Fahne des Kriegervereins wurde als großes Fest unter Beteiligung beider Kirchen und vieler Honoratioren auf dem Schulplatz begangen.

Siebengebirgsmuseum/ Heimatverein Siebengebirge

KRIEGERGEDENKEN

1880. Mit Unterstützung zahlreicher anderer Vereine wurde die „Germania" eingeweiht. Die Figur, über deren Schöpfer nichts bekannt ist, stand auf einem hohen Sockel, den ein Reliefbild Wilhelms I. und das Königswinterer Stadtwappen zierte. Ähnlich wie die Figur auf der Fahne des Vereins stützt sich die Germania auf ihr Schwert und schaut Richtung Rhein. Als Standort wählte man die Ecke Rheinallee/Hauptstraße am Augustaplatz. Erst 1905 wurde die Schrifttafel mit den Namen der 1866 und 1870/71 gefallenen Soldaten ergänzt. Nach dem Zweiten Weltkrieg wurde die beschädigte Figur abgenommen, das Postament aber erhalten und in eine Grünanlage eingebunden. Regelmäßig besuchte der Kriegerverein an Gedenktagen nach einem Gottesdienst in der katholischen Kirche diesen Ort und brachte

Germania-Denkmal, Königswinter

Ansichtskarte, 1897

Nicht nur die Fahne des Kriegervereins, auch das Denkmal von 1880 zeigte eine Germania. Ähnlich wie die Figur des 1883 eingeweihten Niederwalddenkmals hält sie ihr Schwert gesenkt.

Siebengebirgsmuseum/Heimatverein Siebengebirge

Zündnadelgewehr von 1871

Die Waffe stammt aus der Honnefer Familie Drebelow und begleitete, laut mündlicher Überlieferung, einen Familienangehörigen in den Krieg nach Frankreich.

Siebengebirgsmuseum/Heimatverein Siebengebirge

ein *Kaiserhoch* aus. Er setzte sich auch für eine Gedenktafel in der katholischen Kirche ein, die 1887 angebracht wurde.

Das Auftreten dieser Krieger-, Garde- und Veteranenvereine bei sämtlichen Festen im Ort, von Karnevalsveranstaltungen bis zum Schützenfest, verankerte das Militärische als nicht mehr hinterfragten Bestandteil des gesellschaftlichen Lebens. Regelmäßig fanden, besonders auf dem Drachenfels und dem Petersberg, Konzerte mit Militärmusik statt. Aber auch die übrigen Vereine der Stadt präsentierten sich mit ihrer Teilnahme an Festlichkeiten zu den Gedenktagen als gute Patrioten in der Öffentlichkeit. Die Geburtstage von Mitgliedern des Königshauses sowie deren Besuche im Siebengebirge wurden ebenfalls durch diese Vereine gewürdigt.

An den Fackelzügen zur *Wiederaufrichtung des deutschen Reiches* am 18. Januar 1871 nahmen alle gesellschaftlichen Organisationen der Stadt teil: Veteranen, Kriegerverein, Festkomitee der Stadt, Männergesangsverein, Bürgerverein, Feuerwehr, evangelischer Männerverein, Stadtkapelle, Turnverein, Gesellenverein sowie der katholische Cäcilienchor. Außerdem wetteiferten katholische und evangelische Volksschule mit der Höheren Knabenschule und der Mädchenschule um das patriotischste Fest und veröffentlichten ihr jeweiliges Programm in Anzeigen.

Eine besondere Bedeutung für die Schulen hatte der Sedantag im Gedenken an die Kapitulation der französischen Truppe bei Sedan. Das preußische Kultusministerium ordnete 1873 an, dass dieser Tag von allen Schulen und mit Unterstützung durch Vertreter der Schulbehörde und die Honoratioren der Stadt gefeiert werden sollte. Der protestantische „Rheinisch-Westfälische Provinzialausschuss für Innere Mission" schlug vor, den Tag als Fest für alle zu begehen; dieser Vorschlag fand auch in katholischen Gegenden Anklang. So inszenierte man in den rheinischen Teilen des Reiches das Fest als Tag für das gesamte Volk – wobei das militärische Gedankengut stets präsent war. Der Festtag im Spätsommer wurde zu einer Mischung aus patriotischen Bekenntnissen und großem Spielefest für die Kinder. Neben Liedern wie „Heil dir im Siegerkranz" führten die Kinder Gedichte und Theaterszenen auf, die den Helden der Freiheitskriege oder dem Kaiser gewidmet waren. Den Sedantag 1875 feierten die Bewohner aus allen Königswinterer Stadtteilen gemeinsam in Heisterbach. Jedes der insgesamt 1200 Kinder erhielt ein Büchlein, das den Krieg und *die Bedeutung des heutigen Tages* behandelte.

Diese Euphorie verebbte bald. Schon 1877 lehnte die Stadtverordnetenversammlung es ab, die Festlichkeiten des Sedantages zu finanzieren, und wurde dafür harsch kritisiert. *Sollen wir uns ausschließen, wenn das ganze Land jubelt? Soll es den Anschein haben, als ob das Andenken an die todesmutige Begeisterung unseres Heeres, an die Opferfreudigkeit des Volkes, an die herzliche Verbrüderung von ganz Deutschland, an die ganze große Zeit in uns allein erloschen sei? Das darf, das kann nicht geschehen,* so ein Redakteur des „Echo des Siebengebirges". Die Schulen richteten, allein durch Spenden finanziert, ein überzeugendes patriotisches Programm aus. Zusammen mit den weithin sichtbaren Feuern am Rhein und auf dem Drachenfels rettete man so den Ruf der Stadt. Im nächsten Jahr entschied sich die Stadtverordnetenversammlung mit knapper Mehrheit dazu, diesen Tag wieder zu fördern.

Seit der Jahrhundertwende wurden Bekenntnisse zur Militärmonarchie Preußen in den Wahlkämpfen geäußert - von allen Parteien, mit Ausnahme der Sozialdemokraten. Auch in Königswinter ist diese Tendenz zu beobachten. Daneben entstanden Vereine, wie die Ortsgruppe des Flottenvereins ab 1910, die eine neue, aggressivere Facette des Nationalismus spiegelten. Er unterstützte massiv mit zentral bereitgestelltem Propagandamaterial und neuen Medien wie Filmvorführungen die Aufrüstungspolitik des Staates. Man fühlte sich jederzeit für einen Kriegseinsatz bereit.

Auch nach dem Ersten Weltkrieg beschwor die Errichtung von Denkmälern weiterhin die militärische Stärke der Gesellschaft, wobei in den 1920er Jahren die Präsenz der Alliierten neue Bedingungen schuf. Der „Schlafende Löwe" in Bad Honnef wurde am 19. Juni 1927 an einem provisorischen Ort an der Austraße eingeweiht und danach mehrfach versetzt. Zunächst trauerten dort die Überlebenden des „Rheinischen Fußartillerie-Regiments Nr. 8" um ihre im Ersten Weltkrieg gefallenen Kameraden. Dieses Regiment hatte sich 1926 in Honnef getroffen, da ein ursprünglich geplantes linksrheinisches Treffen aufgrund der alliierten Bestimmungen untersagt war. Dabei entstand der Plan eines Denkmals in attraktiver Umgebung. Der Düsseldorfer Kunstprofessor Wilhelm Kreis (1873-1955) entwarf den Löwen, der Bildhauer Johannes Knubel (1877-1949) setzte den Entwurf in Muschelkalk um. In der Denkmal-Ikonographie taucht das Motiv des schlafenden Löwen häufig auf und war hier, in unmittelbarer Nähe zu Frankreich, sicherlich als jederzeit zum Aufwachen bereiter, unbesiegbarer Löwe gedacht. Kreis hatte sich mit Entwürfen für Denkmäler wie das Völkerschlachtdenkmal in Leipzig oder Bismarcktürme einen Namen gemacht. 1908 wurde er Professor in Düsseldorf und wechselte 1926 nach Dresden. In nationalsozialistischer Zeit wurde er Reichskultursenator. Nach Kriegsende zog Kreis nach Bad Honnef.

Bis heute wird das Löwendenkmal zu Kranzniederlegungen mit militärischen Zeremonien und unter Teilnahme diverser Vereine am Volkstrauertag besucht. Die dabei auftretenden Kameradschaftsverbände sehen ihre militärischen Wurzeln einerseits in einem Regiment der Befreiungskriege 1813, anderseits in dem Artillerie-Regiment 70, das 1938 aufgestellt wurde. Sie begreifen das Denkmal als Ausdruck *militärischer Traditionspflege*. Ende 2014 wurde der Löwe auf Betreiben der Honnefer „Initiative für Wirtschaft" hin zu Restaurierungszwecken entfernt und soll anschließend an einen *würdigeren Platz* versetzt werden. Ein Projekt der Sankt Josef-Realschule beschäftigt sich mit der Geschichte des Löwen, und die Schülerinnen und Schüler in Honnef hof-

Böllerschüsse und grosser Zapfenstreich

Der schlafende Löwe

Denkmal für das „Rheinische-Fußartillerie-Regiment Nr. 8" von Johannes Knubel, nach Entwurf von Wilhelm Kreis, 1927

Die Aufnahme zeigt das Denkmal am Standort (bis 2014) in der Bad Honnefer Girardetallee.

fen, mit der Umsetzung auch eine Umdeutung und Reflexion der ursprünglichen Inhalte erreichen zu können.

Das Rhöndorfer Denkmal für die im Ersten Weltkrieg Gefallenen des Ulanen-Regimentes Großherzog Friedrich von Baden, dem Rheinischen Regiment Nr. 7, sollte ursprünglich am Standort des Regiments in Saarbrücken errichtet werden, was aufgrund der Verwaltung des Saargebietes durch den Völkerbund derzeit unmöglich war. Die Mutter eines Rittmeisters stellte daraufhin ein passendes Grundstück in Rhöndorf zur Verfügung. Die Lage am Rhein und am Fuße des Drachenfels, in unmittelbarer Nähe anderer prominenter Krieger-Denkmäler, kam dabei nicht ungelegen. Der Entwurf stammt von Emil Fahrenkamp (1895-1966), und mit dem Bau wurde 1923 begonnen: *einem wuchtigen, aus Bruchsteinen erbauten Turm und einem schräg liegenden Kreuz auf demselben. Aus dem Turm ragt ein mächtiger Arm mit einer Faust, die eine Lanze hält* – Richtung Westen. Fast 1000 Menschen feierten 1925 die Einweihung und bewiesen die selbstverständliche Praxis militärischer Ehrungen im gesamten Reich. Das Gedenken in Rhöndorf kann als allgemeine Wertschätzung soldatischer Opferbereitschaft verstanden werden.

Literatur und Quellen

Festschrift zur Weihe des Denkmals am 26.-27. September für die im Krieg 1914-1918 gefallenen Helden des Ulanen-Regiments Großherzog von Baden (Rheinisches) Nr. 7, Berlin, o. J. - Heinen, Elmar: Königswinter in alten Ansichten, Zaltbommel 1976 – Hinz, Paulus: Hoch zu Ross in den Untergang, in: rheinkiesel, Magazin für Rhein und Siebengebirge, Jg. 18, Februar 2014, S. 4 f. - http://www.initiative-wirtschaft.info/images/stories/pdf/totenehrung.pdf

Echo des Siebengebirges, Jge. 1874-1910 - Protokolle des Krieger-Vereins zu Königswinter, Jge. 1873-1900, HVS - Stadtarchiv Königswinter, Akte 2048

Ulanendenkmal

Axel Thünker, 2015

Unterhalb des Denkmals wurde ein Beet in Form des Eisernen Kreuzes bepflanzt.

KAPITEL 4

Ansgar Sebastian Klein

Preußische Verwaltung

„Ein der Stadt würdiges Rathaus"

Rathaus Bad Honnef
Axel Thünker, 2015

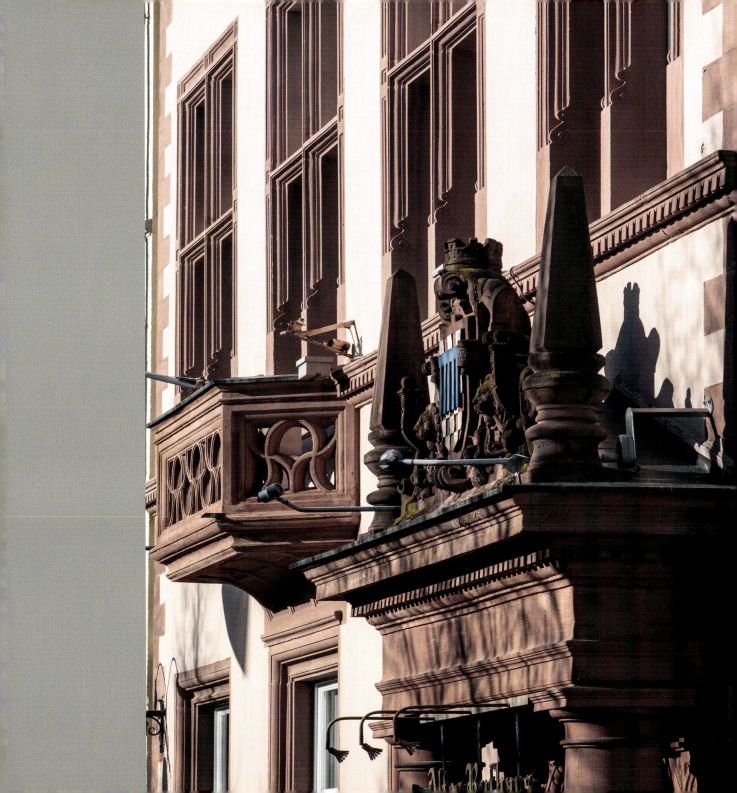

Ein der Stadt würdiges Rathaus

Marktplatz Bad Honnef mit dem alten Rathaus
Axel Thünker, 2014

Das 1894/95 in der Stadt Honnef am Marktplatz errichtete und am 30. Juni 1895 eingeweihte erste stadteigene Rathaus ist steinerner Ausdruck der gut 30 Jahre zuvor errungenen kommunalen Selbständigkeit seiner Bürger. Johann Joseph Brungs erkennt in seiner Honnefer Stadtgeschichte von 1925 das Verdienst der Errichtung eines *der Stadt würdigen Rathauses* an, schränkt aber ein: *dessen Baustil uns heute freilich nicht mehr gefallen will.*

Errichtung und Baustil des Honnefer Rathauses waren der Zeit geschuldet: In den 1890er Jahren wurden in der Region des Siebengebirges die Standorte der Kommunalverwaltung festgelegt. Waren bisher stets im privaten Wohnhaus des amtierenden Bürgermeisters die Geschäfte getätigt worden, so entstanden nun offizielle Amtsgebäude, in denen der jeweilige Bürgermeister vorübergehend eine Dienstwohnung fand. Bereits zwei Jahre zuvor konnte die Königswinterer Stadtverwaltung das 1891 gekaufte und 1892/93 umgebaute repräsentative Gebäude am Marktplatz beziehen. Die Landbürgermeisterei Oberpleis erwarb

1896 ein Haus und richtete 1897 dort ihre Verwaltung ein. Die Landbürgermeisterei Oberkassel schließlich bezog 1898 das neu erbaute Rathaus an der Hauptstraße.

Drei der vier Bürgermeistereien waren am Anfang des 19. Jahrhunderts entstanden. Die Region des Siebengebirges lag seit dem Mittelalter größtenteils im Herrschaftsgebiet des Herzogtums Berg; ein kleiner Teil mit Königswinter und Ittenbach gehörte zum Kurfürstentum Köln. Die Revolutionskriege und die napoleonische Herrschaft beseitigten die alten Verwaltungsorganisationen und brachten eine moderne Einteilung der seit 1806 zum Großherzogtum Berg gehörenden Region. 1808 entstanden nach französischem Vorbild die „Mairien" Königswinter, Oberkassel und Oberpleis. Während die beiden ersteren im neu geschaffenen Kanton Königswinter lagen, gehörte letztere zum Kanton Hennef.

Jede Mairie hatte einen Verwaltungsleiter, den „Maire", und einen beratenden Munizipalrat. Demokratisch ging es nicht zu: Alle wurden von der Regierung ernannt. Zentralismus bei gleichzeitiger Aufhebung von Stadt und Land waren die französischen Maximen, an denen sich das Herzogtum Berg zu orientierten hatte. Fortschrittlich waren die Einrichtung der Zivilstandsregister und die Einführung des „Code Civil", der gleiches Recht für jeden garantierte. Neue Gerichte sorgten für die Umsetzung des Rechts, Notare überwachten das Vertragswesen.

Während der Befreiungskriege 1813-1815 errichteten die preußisch-russischen Be-

Clemens August Schaefer (1877-1837)

Unbekannter Künstler; Öl auf Leinwand (nach einem Aquarell von 1813), 1901

Notar und Bürgermeister von Königswinter 1814-1835; 1811 hatte er die Kuppen von Wolkenburg und Drachenfels erworben.

Siebengebirgsmuseum/Stadt Königswinter

Ein der Stadt würdiges Rathaus

Unterschriftenstempel von Kronprinz Friedrich Wilhelm
Generaldirektion Kulturelles Erbe Rheinland-Pfalz / Burg Sooneck

satzungsmächte zur provisorischen Verwaltung das Generalgouvernement Berg. Zunächst änderten sich nur die Bezeichnungen, die französischen wurden durch deutsche ersetzt: Die „Mairie" hieß nun „Bürgermeisterei", der „Maire" fortan „Bürgermeister". Durch die Beschlüsse des Wiener Kongresses 1815 fiel das Rheinland an das Königreich Preußen. Die kommunalen Bezirke blieben unverändert bestehen, die Kantone wurden durch einen größeren Bezirk, den Kreis, ersetzt.

Die preußische Städte-Ordnung von 1808 des Staatsministers von Stein lehnten die Rheinländer ab. Sie gab den Kommunen zwar politische Handlungsfreiheit und setzte den Zugang zur Wahlberechtigung bei sehr niedriger Steuerleistung an, aber sie unterschied weiterhin zwischen Stadt und Land. Dies hatten die Rheinländer mit Hilfe der Franzosen bereits überwunden. Ebenso lehnten sie die in Altpreußen bestehende Vorherrschaft des Adels gegenüber dem Bürgertum ab; die preußischen Junker hatten dort weiterhin die Gerichtsbarkeit und die Polizeigewalt inne. Im Rheinland waren bereits die modernen Verwaltungs-, Rechts-, Wirtschaftsstrukturen eingerichtet, auf die kein Bürger mehr verzichten wollte. Über vierzig Jahre rangen Rheinländer und Preußen um dieses Thema. Die 1831 von Preußen vorgestellte „Revidierte Städte-Ordnung" setzte die Steuerschranke zur Wahlberechtigung herauf und strich einige Steinsche Freiheiten. Die Unzufriedenheit im Rheinland blieb.

Die „Rheinische Gemeinde-Ordnung" von 1845 hob endlich den Unterschied von Stadt und Land auf. Sie gab zwar den Kommunen Mitspracherechte, aber das Misstrauen der konservativen Preußen gegenüber den liberalen Rheinländern blieb bestehen. Sie durften die Bürgermeister nicht selbst wählen, diese wurden weiterhin ernannt, möglichst auf Lebenszeit. Durch die nach langem Ringen verabschiedete Gemeindeordnung erhielten die Gemeinden Königswinter, Honnef, Ittenbach und Aegidienberg in der Bürgermeisterei Königswinter, die Gemeinden Oberkassel, Oberdollendorf, Niederdollendorf und Heisterbacherrott in der Bürgermeisterei Oberkassel sowie die Gemeinden Oberpleis und Stieldorf in der Bürgermeisterei Oberpleis einen eigenen Vorsteher und einen Gemeinderat. Die Revolution von 1848 führte zur neuen

August Mirbach (1808-1891)
Bürgermeister der Stadt Königswinter 1841–1890
Siebengebirgsmuseum/Heimatverein Siebengebirge

Clemens Adams (1831-1876)
Bürgermeister der Stadt Honnef 1862–1876
Privatbesitz

und liberalen Städteordnung von 1850, doch nachdem erstere sich rasch wieder verlief, gelang es den ostelbischen Gutsherren, letztere 1853 wieder aufzuheben. Erst die „Rheinische Gemeinde-Ordnung" von 1856 war für alle Beteiligten ein zufriedenstellender Kompromiss, obwohl sie das Dreiklassenwahlrecht beinhaltete. Die ebenfalls 1856 erlassene „Rheinische Städte-Ordnung" betraf nur Kommunen über 10.000 Einwohner.

Eine Besonderheit gab es im Falle von Königswinter. Obschon der Ort seit dem Mittelalter eine relativ selbständige kommunale Organisation und eine Stadtmauer aufweisen konnte – Elemente einer Stadt –, war er ohne offizielles Stadtrecht und daher ein so genannter „Flecken" geblieben. Ebenso war Königswinter in der Rheinbundakte von 1806 als Stadt bezeichnet worden und fand kurioserweise Aufnahme unter den Städten des seit 1826 existierenden Provinziallandtags der preußischen Rheinprovinz, wurde aber dennoch nach der Gemeinde-Ordnung verwaltet. Dies änderte sich erst in der zweiten Hälfte des 19. Jahrhunderts und ist verknüpft mit den seit 1815 steten Bemühungen der Honnefer Bürger zur Loslösung ihrer Gemeinde aus der Bürgermeisterei Königswinter. Unter dem seit 1860 amtierenden Gemeindevorsteher Clemens Adams, Weingutsbesitzer und Sohn eines Abgeordneten der Frankfurter Nationalversammlung, unternahmen die Honnefer einen neuen Versuch. Sie verwiesen auf ihre Bevölkerungszahl und die gute wirtschaftliche Entwicklung. Diesmal drangen sie mit ihrem Begehren durch und hatten am 14. Juli 1862 ihr Ziel erreicht. Die Gemeinde Honnef erhielt an diesem Tag vom preußischen König das Stadtrecht nach der „Rheinischen Städte-Ordnung" von 1856, schied aus der Bürgermeisterei Königswinter aus und bildete die eigenständige Bürgermeisterei Honnef. Das zuständige Amtsgericht und das Steueramt blieben in Königswinter.

Königswinter hatte im 19. Jahrhundert eine erstaunliche Wandlung vom Winzer- und Steinhauerdorf zu einem der beliebtesten Ziele der Rheintouristen erlebt. Es war über die Stadtmauern hinausgewachsen, hatte eine neue Rheinfront mit großen Hotels und prächtigen Villen. Diese Entwicklung hatte maßgeblich der Bürgermeister August Mirbach (1808-1891) gefördert. In seine Amtszeit (1841-1890) fielen Verbesserungen der Infrastruktur: Straßenbau, ein solides Wegenetz, eine Dampfschiffstation, eine neue Fähre, ein Bahnhof, die Drachenfelsbahn. Gleichzeitig erhielt die Stadt ein Krankenhaus, Schulen, ein Gaswerk, ein Postamt und eine Wasserleitung. Das Vereinsleben blühte. Mirbach bemühte sich nicht zuletzt auch um die offizielle Erhebung seiner Geburtsstadt in den Rang der Städte. Nachdem der Widerstand überwunden war, der ausgerechnet im Provinziallandtag geleistet und mit der geringen Einwohnerzahl begründet wurde, erhielt Königswinter am 17. Juni 1889 das Stadtrecht und schied ebenfalls aus der Bürgermeisterei aus, die fortan nur noch die Gemeinden Ittenbach und Aegidienberg umfasste. Die erste Sitzung des Stadtrates fand am 22. November 1889, die Wahl des neuen Bürgermeisters Fritz Kreitz (1855-1909) am 17. Dezember 1889 statt.

Die gesamte Verwaltung der Bürgermeisterei Königswinter bestand in der Mitte des 19. Jahrhunderts aus sechs Personen: dem Bürgermeister, seinem Sekretär, dem Totengräber, einem Polizisten, einem Flurschützen und einem Wegewärter. In Honnef kam die Verwaltung nur mit Bürgermeister, Sekretär und Polizeidiener aus. Anfang des 20. Jahrhunderts waren in der allgemeinen Verwaltung in Königswinter fünf, bei der Polizei sechs und bei der Bauverwaltung drei Personen beschäftigt. In der Stadt Honnef sah es ähnlich aus. Viele neue Aufgaben erforderten mehr Personal. Hierzu reichten Amtszimmer in Privathäusern nicht mehr aus. Der Bau eines Rathauses war daher nur folgerichtig. Und Rathäuser sind, ob imposant oder schlicht, immer auch ein Kind ihrer Zeit.

PREUSSISCHE VERWALTUNG

Literatur und Quellen

Brungs, Johann Joseph: Die Stadt Honnef und ihre Geschichte, Honnef 1925 – Haag, August: Bad Honnef am Rhein, Bad Honnef 1962 - Heimat- und Geschichtsverein Herrschaft Löwenburg e.V. (Hg.): 150 Jahre Stadt Bad Honnef– zwischen Rheinstrom und Burgen, Niederhofen 2012 - Siebengebirgsmuseum der Stadt Königswinter (Hg.): Kampf um den Rhein – Das Ende Napoleons und der ‚Landsturm' vom Siebengebirge, Bonn 2014

Stadtarchiv Königswinter

Turm des alten Rathauses, Bad Honnef
Axel Thünker, 2014

Elmar Heinen

Rechtsprechung im preußischen Rheinland

„Das Gute und das Rechte"

Amtsgericht Königswinter
Axel Thünker, 2014

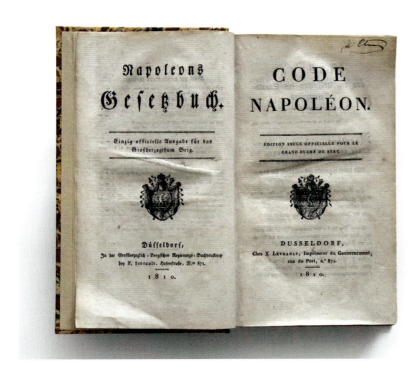

**Code Napoléon/
Napoleons Gesetzbuch**

„Einzig officielle Ausgabe für das Großherzogtum Berg", Düsseldorf 1810

Basis des Rheinischen Rechts war das französische Rechtssystem, niedergelegt im „Code civil".

*Siebengebirgsmuseum/
Heimatverein Siebengebirge*

Wer in Königswinter vom Rhein aus die Drachenfelsstraße hinaufgeht, dem fällt an ihrer linken, nördlichen Seite kurz vor dem Bahnübergang ein ansprechendes, als Denkmal gekennzeichnetes Gebäude auf. Seine Inschrift „Amtsgericht" deutet an, dass es sich um einen späten Zeugen des fast das ganze 19. Jahrhundert durchziehenden Ringens zwischen dem rheinischen und dem altpreußischen Recht handelt.

Für die auf dem Wiener Kongress 1815 dem Königreich Preußen zugewiesenen Gebiete am Rhein, die spätere Rheinprovinz, konkurrierten zwei Rechtssysteme: Am Rhein, jedenfalls linksrheinisch und im ehemaligen Großherzogtum Berg, galt das unter Napoleon in fünf Gesetzbüchern – Zivilgesetzbuch (Code civil), Handelsgesetzbuch (Code de commerce), Strafgesetzbuch (Code pénal), Zivilprozessordnung (Code de procédure civile), Strafprozessordnung (Code d'instruction criminelle) - kodifizierte französische Recht. Gerichtliche Verhandlungen waren öffentlich, mündlich und unmittelbar; jeder war vor dem Gesetz gleich; in Strafverfahren wirkten Laien mit; die Anklagebehörde war vom Gericht getrennt. Dagegen gab es in dem weitgehend agrarisch und patrimonial geprägten Altpreußen, wo das Allgemeine Landrecht für die preußischen Staaten von 1794 und die Allgemeine Gerichtsordnung von 1793 galten, noch privilegierte Gerichtsstände für Adlige und Beamte, eine Gerichtsbarkeit von Grundherren, Prügelstrafe; gerichtliche Verfahren liefen nach der Inquisitionsmaxime, schriftlich, unter Ausschluss der Öffentlichkeit, ohne Mitwirkung von Laienrichtern, ohne gesonderte Anklagebehörde.

Um die rheinischen Gebiete im Bereich des Rechtes in den preußischen Staat zu integrieren, wollte der Justizminister schon 1815 das *fremdländische* Recht durch das altpreußische ersetzen. Doch sein Entwurf ging einigen konservativen Ministern nicht weit genug. Staatskanzler von Hardenberg erwirkte daraufhin 1816 vom König die Bildung einer Immediat-Justizkommission zur Klärung der anstehenden Probleme; an sie richtete der König den Leitgedanken: *Ich will, dass das Gute überall, wo es sich findet, benutzt und das Rechte anerkannt wird*. Zu-

Gesetzbuch Napoleons

„nach dem officiellen Texte übersetzt von Herrn Daniels",
Köln 1812

Siebengebirgsmuseum / Heimatverein Siebengebirge

Gottfried Daniels

Heinrich Oedenthal (tätig um 1800) zugeschrieben; lavierte Zeichnung (?), um 1810

Der Geheime Staatsrat Prof. Dr. Gottfried Daniels (1754-1827) zeigte sich als tatkräftiger Kämpfer für das rheinische gegen das altpreußische Recht und wurde der erste Präsident des Rheinischen Appellationsgerichtshofes in Köln.

Kölnisches Stadtmuseum

gleich bemühte sich der Staatskanzler um einen hervorragenden, berühmten rheinischen Juristen, der die Tätigkeit der Kommission beratend begleiten sollte: Gottfried Daniels (1754 – 1827). Dieser hatte dem Kurfürsten von Köln als Mitglied des Hofrates und Richter am Oberappellationsgericht in Bonn gedient und in Bonn Rechtswissenschaft gelehrt. 1804 hatte Napoleon persönlich ihn an das öffentliche Ministerium bei dem Kassationshof in Paris, dem höchsten französischen Gericht, berufen, und Anfang 1813 wurde er Generalprokurator beim Ap-

Das Gute und das Rechte

Der Rheinische Appellationsgerichtshof in Köln

Lithographie von G. Böhm nach einer Zeichnung von Johann Peter Weyer (1794-1864), 1827

Das Gebäude am Appellhofplatz, erbaut 1824 bis 1826 von Stadtbaumeister Johann Peter Weyer, war ein Halbrundbau mit Büroräumen und fünf sternförmig angeordneten Flügeln mit großen Sitzungssälen. 1884-1893 durch das jetzige Gerichtsgebäude ersetzt.

Kölnisches Stadtmuseum

pellationshof in Brüssel. Er folgte dem Ruf Hardenbergs, aber nur unter der Bedingung, dass seine Heimatstadt Köln sein Amtssitz sein würde.

Sogleich nahm er Einfluss auf die Arbeit der Justizkommission, die schon bald vorschlug, in Gerichtsverfahren die rheinisch-rechtlichen Grundsätze der Öffentlichkeit und Unmittelbarkeit sowie die Schwurgerichte beizubehalten. Für den Bereich des materiellen Rechts neigte die Kommission zunächst dazu, sich für die Einführung des Landrechts einzusetzen; doch Daniels überzeugte ihre Mitglieder mit leidenschaftlich vorgetragenen Argumenten, dass das preußische Recht insgesamt reformbedürftig sei und man daher mit seiner Übernahme bis zu der anstehenden Gesamtrevision warten solle, um den Rheinländern einen zweimaligen Rechtswechsel zu ersparen. Hiermit setzte er sich auch gegen den Justizminister durch. Sein Vorschlag, eine amtliche Übersetzung der fünf Codes zu schaffen, wurde zwar lebhaft begrüßt, aber nie ausgeführt.

In dem 1819 in Köln errichteten Rheinischen Appellationsgerichtshof wurde Daniels der erste Präsident.

Die öffentliche Meinung am Rhein schätzte zunehmend das rheinische Recht. Besonders nachdem Preußen nach 1818 politische Delikte in rückständiger Polizeiherrschaft unter weitgehender Ausschaltung der ordentlichen Gerichte verfolgte, sahen viele Rheinländer im rheinisch-französischen Recht geradezu einen Schutzschild gegen die preußisch-reaktionären Polizeimaßregeln. Entsprechend wuchsen am Rhein die Vorliebe für das französische Recht und die Abneigung gegen das preußische und damit der Widerstand gegen dessen Übernahme.

Allmählich verschoben sich die Gewichte. War das rheinische Recht zunächst gegenüber dem altpreußischen in der Defensive, so verkehrten sich allmählich die Fronten. Das französische Recht begann um die Jahrhundertmitte mit Hilfe der liberalen bürgerlichen Bewegung seinen Siegeszug durch Preußen und ganz Deutschland. So übernahm der preußische Strafprozess aus dem französischen Recht die Grundgedanken der Öffentlichkeit und Mündlichkeit, freie Verteidigung, Schwurgerichte für Verbrechen und gesonderte Anklagebehörde. Damit wurde in das preußische Strafgesetzbuch von 1851, das zum Reichsstrafgesetzbuch von 1871 überleitete, so vieles vom französischen Recht übernommen, dass dies als die weitestgehende Eroberung des französischen Rechts in Preußen galt. Allerdings ging mit diesen „Eroberungen" in den Einzelgesetzen jeweils der rheinische Sonderweg verloren, bis hin zu dem 1900 in Kraft tretenden Bürgerlichen Gesetzbuch (BGB), das den Code civil – bis auf einen nachbarrechtlichen Restbestand – ablöste.

Die französische Gerichtsorganisation, die für jeden Kanton ein Friedensgericht vorsah, wurde in Preußen weitgehend beibehalten. Die somit bestehen bleibenden Friedensgerichte hatten sowohl die Funktion einer Schlichtungsstelle – einer Klage vor dem Gericht erster Instanz musste eine Güteverhandlung vor dem Friedensgericht vorangehen – als auch eines entscheidenden Gerichts mit erweiterter und wachsender Zuständigkeit in Bagatellsachen, bis sie mit der Reichs-Justizreform 1879 von den Amtgerichten abgelöst wurden.

Königswinter, das als Kantonsort im Großherzogtum Berg, Departement Rhein, Arrondissement Mülheim am Rhein, gelegen war, behielt sein Friedensgericht; seine Zuständigkeit beschränkte sich auf den südlichen Teil des ehemaligen Kantons mit den Bürgermeistereien Königswinter Stadt und Land, Honnef und Oberkassel. Gerichtslokal war das Obergeschoss des fiskalischen Salzmagazins in der Hauptstraße an der Stelle des jetzigen Hauses Nummer 367; es war 1743 erbaut worden und wurde im Zweiten Weltkrieg zerstört.

Für das vorgesehene Amtsgericht war dieses Lokal unzureichend; man brauchte also ein neues Gerichtsgebäude. Ein geeigneter Bauplatz fand sich in der Drachenfelsstraße außerhalb der bereits niedergelegten Stadtmauer. Die Verhandlungen über die Finan-

Notariatsakte
Der preußische Adler in der Funktion als amtliches Hoheitszeichen.
Privatbesitz

Fassadenriß

Diese Zeichnung des 1880/81 errichteten Amtsgerichtes wurde anlässlich des Umbaus 1946 angefertigt.

Siebengebirgsmuseum / Heimatverein Siebengebirge

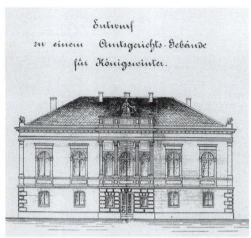

Entwurf des Amtsgerichtes mit Justitia-Figur
Zeichnung (Reproduktion)

zierung waren zäh. Die Gemeinde wollte außer einer Verzinsung der Baukosten einen Staatszuschuss, der aber abgelehnt wurde. Außerdem begehrte sie die Zuständigkeit des Amtsgerichts für die zum Amtsgerichtsbezirk Hennef gehörende Bürgermeisterei Oberpleis; auch dies vergeblich. Schon wurde in der Lokalzeitung auf die Gefahr hingewiesen, dass die Justizbehörde abspringen und einen Nachbarort zum Gerichtssitz bestimmen könnte, da beschloss der Gemeinderat den Bau. Das 1880 errichtete Gebäude im Stil der Neorenaissance, drei Mauern aus gelben Verblendsteinen, die rückwärtige Nordseite aus Feldbrandsteinen, wurde nach Kriegsschäden restauriert und in die Denkmalliste eingetragen; nur die einstige Justitia auf der Attika fehlt.

Um 1890 wurde hinter dem Gericht ein Gefängnis errichtet, wiederum nach zähem Ringen um die Finanzierung und dem erfolglosen Streben der Gemeinde nach der Zuständigkeit für Oberpleis. Das Gefängnis, ein schmuckloser Bau aus Feldbrandziegeln mit Erd- und Obergeschoss, war mittig durch eine Brandmauer geteilt. Eine Hälfte enthielt das Gerichtsgefängnis, die andere Zellen für Polizeigewahrsam und die Dienstwohnung eines Polizisten. Hohe Bleche vor den Zellenfenstern, die den Insassen nur den Blick auf einen schmalen Streifen Himmel frei gaben, drohten auf die benachbarten Schulhöfe der Volksschule und der höheren Knabenschule hinüber.

Der so genannte „Kulturkampf" ließ im Amtsgericht Königswinter aus einer Nichtigkeit fast eine groteske Staatsaffäre werden: Der Gemeinderat hatte 1882 beschlossen, ein neues Kruzifix für den Sitzungssaal zu beschaffen. Sein mit der Ausführung beauftragtes Mitglied ging zum Gerichtsgebäude, begleitet von einigen Bekannten, darunter dem Pfarrverwalter, mit denen er einen Spaziergang verabredet hatte. Da der Amtsrichter verreist war, ließ man sich vom Gerichtsdiener den Sitzungssaal aufschließen und maß mit dem Spazierstock den ungefähren Abstand zwischen Türsturz und Zimmerdecke. Als die Betreffenden, alle dem Richter bekannte, angesehene Königswinterer Bürger, am nächsten Sitzungstag dem Amtsrichter hierüber berichteten, hörten sie von ihm, er habe gegen sie wegen Hausfriedensbruchs zu ermitteln. Auf die Beschwerden der Betroffenen ergab sich als Anlass für die Anzeige des Richters ein Gerücht, der Gemeinderat habe die im Sitzungssaal stehenden Büsten des Kaisers und des Kronprinzen entfernen wollen. Dabei ließ es die Justizverwaltung bewenden. Beschwerden gegen den Richter blieben ohne Erfolg. Dass die Angelegenheit in der lokalen Öffentlichkeit großes Aufsehen erregte, zeigt sich darin, dass der betroffene Rechtsanwalt noch 1889 eine Rechtfertigungsschrift in der Sache herausgab, die die lokale Öffentlichkeit stark bewegt hatte.

Bald nach dem Zweiten Weltkrieg zeigte sich Erweiterungsbedarf für das Gericht. Ein Entwurf des Stadtbaumeisters, der die Aufstockung um ein barockisierendes Mansarddach vorsah, wurde nicht realisiert. Stattdessen wurde 1954 das Gefängnis als Bürogebäude umgebaut und durch einen Gang mit dem Hauptgebäude verbunden. Für die um 2000 errichteten Erweite-

Amtsgericht Königswinter
Axel Thünker, 2015

rungsbauten wurden das Gefängnis und die um 1845 erbaute, als Denkmal geschützt gewesene Volksschule abgerissen.

Literatur und Quellen

Faber, Karl-Georg: Recht und Verfassung. Die politische Funktion des rheinischen Rechts im 19. Jahrhundert, Köln 1970 - Hardenberg, Theo und Biesing, Winfried: „In der Welt" zu Königswinter und rundherum. Ein Stück geschichtlicher Ortskunde, hg. vom Heimatverein Siebengebirge, Königswinter, Königswinter 1985 - Recht und Rechtspflege in den Rheinlanden, hg. von Josef Wolffram und Adolf Klein, Köln 1969 - Die Rheinprovinz 1815 - 1915. Hundert Jahre preußischer Herrschaft am Rhein, hg. von Joseph Hansen, Bonn 1917 - Schyma, Angelika: Stadt Königswinter. Denkmaltopographie Bundesrepublik Deutschland; Denkmäler im Rheinland 23.5, Köln 1992 - 125 Jahre Rheinische Amtsgerichte. Eine Darstellung der Gerichte im Bezirk des Oberlandesgerichts Köln, hg. von Armin Lünterbusch und Dieter Strauch, Köln 2003

Gudrun Birkenstein und Ursula Gilbert

Der lange Weg zur Eisenbahn

„Ein wahrer Golddampf"

Bahnhof Königswinter
Axel Thünker, 2015

Ein wahrer Golddampf

Ansicht des Bahnhofs Rolandseck

Farblithographie, Detail und Gesamtansicht aus:
C. Scheuren, J. B. Sonderland, Landschaft, Sage, Geschichte und Monumentales der Rheinprovinz, 1865-1868; Blatt Siebengebirge

Siebengebirgsmuseum/ Heimatverein Siebengebirge

Die rechtsrheinische Eisenbahnstrecke gehört zu den verkehrsreichsten Europas. Täglich rauschen hier mehr als 200 Züge entlang. Bereits seit den 1840er Jahren existierten Pläne für eine Verbindung von Deutz nach Wiesbaden. Bis 1870 der erste Zug hier entlangfuhr, vergingen allerdings Jahrzehnte zäher Verhandlungen. Immer wieder lehnte die preußische Regierung Konzessionsanträge für den Bau des neuen Verkehrsmittels ab, das – wie kein anderes – die Mobilität von Menschen und Waren revolutionieren und besonders die Landschaft am Rhein verändern sollte.

Bereits 1843 hatten rheinische Unternehmer die erste grenzüberschreitende Eisenbahnstrecke Preußens vollendet (Köln – Herbesthal). Ihr folgte ein wahrer Boom von Eisenbahngesellschaftsgründungen. Die „Rheinische Eisenbahngesellschaft" wurde zum größten und bedeutendsten Privatunternehmen Preußens. Als sie 1856 die Strecke Bonn – Rolandseck fertig stellte, waren die Pläne für eine Weiterführung nach Koblenz längst fertig. Konzessioniert wurden sie aber erst 1858: In Berlin misstraute man der neuen Technologie, die man noch nicht für ausgereift hielt. Investition und Risiko überließ

Der Bahnhof zu Rolandseck und das Siebengebirge

N. C. Hohe; Stahlstich um 1860

Kölnisches Stadtmuseum

man privaten Investoren, die gerade in der wirtschaftlich progressiveren Rheinprovinz viel eher bereit waren, kaufmännische Risiken zu übernehmen. Dabei waren es meist Unternehmer und Bankiers - darunter nicht wenige „Vielfachunternehmer" -, die sich zu diesem Zweck in einer neuen Unternehmensform zusammenschlossen: der Aktiengesellschaft.

Die Regierung behielt sich weiterhin umfassende Genehmigungs- und Kontrollfunktionen vor. Ab 1838 regelte das „Gesetz über die Eisenbahn-Unternehmungen" unter anderem Konzessionsbedingungen, Enteignungsrechte und Tarife. Bei den Aktionären stieß das Gesetz auf heftige Kritik, behielt sich der Staat darin doch das Recht vor, Eisenbahngesellschaften aufzukaufen, während er gleichzeitig jede Haftung seinerseits ausschloss. Konzessionsablehnungen, die offiziell mit Rücksichtnahme auf die Rheinschifffahrt und technischen Vorbehalten begründet wurden, basierten zum Teil auf Fehleinschätzungen und der Schwerfälligkeit des preußischen Staatsapparates.

In erster Linie waren es jedoch strategische Bedenken, die besonders während der Spannungen mit Frankreich in den späten 1830er und 1840er Jahren eine linksrheinische Eisenbahn gefährlich erscheinen ließen, sollte diese in feindliche Hände geraten. Noch sah das Kriegsministerium, dem seit 1838 jeder Eisenbahn-Antrag vorgelegt werden musste, nicht das strategische Potential des neuen

EIN WAHRER GOLDDAMPF

Aussicht vom Drachenfels auf das linke Rheinufer

N. C. Hohe (?); Öl auf Leinwand, um 1857

Die Ansicht gilt offenbar der „Deichmanns Aue", erfasst aber die Umgebung mit vielen Details, darunter besonders auch Verkehrsmittel. Die vor Godesberg passierende Eisenbahn (Detail s.o.) zeigt vermutlich die 1856 neu erbaute Rheinstrecke von Bonn nach Rolandseck.

Siebengebirgsmuseum/ Heimatverein Siebengebirge

Verkehrsmittels, das durch die Möglichkeit schneller Truppenbewegungen und Versorgungswege die Kriegführung revolutionieren sollte. Als das preußische Militär diese Vorteile schließlich erkannte, befürwortete es zwar eine rechtsrheinische Eisenbahn, doch sollte diese aus Sicherheitsgründen im Landesinneren verlaufen. Dafür aber wiederum fanden sich keine Investoren, denn diese saßen am Rhein. Außerdem hätte diese Linie durch nassauisches Gebiet führen müssen, Nassau aber wollte eine Uferlösung. Die verfahrene Situation löste sich schließlich, als nach dem Krieg von 1866 Nassau an Preußen fiel und damit die bereits existierende Wiesbadener Teilstrecke preußisches Staatseigentum wurde. Endlich änderte sich auch die Haltung Berlins gegenüber einer Weiterführung nach Norden.

Doch mit der „Konkurrenzklausel" des Eisenbahngesetzes hatte sich Preußen verpflichtet, dreißig Jahre nach Konzessionserteilung an die linksrheinisch tätige Eisenbahngesellschaft keine Konkurrenzstrecke auf dem anderen Ufer zu genehmigen. In einer Petition äußerten siebzehn rheinische Gemeinden, darunter Unkel, Honnef, Königswinter und Beuel, *das dringende Verlangen, daß [...] die Rheinische Eisenbahngesellschaft veranlaßt werde, ihr Widerspruchsrecht gegen die Herstellung einer [rechtsrheinischen Strecke] aufzu-*

geben. Preußen fand für dieses Problem eine „rheinische" Lösung: Man bot eben jener Rheinischen Eisenbahngesellschaft die Konzession auch für die rechtsrheinische Bahn an. Nach rund zwanzig Jahren wurde die Strecke schließlich 1864 konzessioniert.

Schon in der Vorbereitungsphase stiegen die Aktien der an der Strecke liegenden Bergwerke und Eisenhütten. Die Gemeinden mussten sich an den Erschließungskosten beteiligen und Zufahrtsstraßen zu den neuen Bahnhofsgebäuden anlegen. Häuser wurden abgerissen, Weinberge durchschnitten. Nicht überall verlief dies reibungslos. So musste auf Grund heftigen Widerspruchs in Oberkassel – hier wohnte Eisenbahndirektor Rennen – die Strecke näher an den Rhein gelegt werden. Ein Teil des alten Friedhofs musste dafür abgetragen und der Bahndamm wegen Hochwassergefahr erhöht werden.

In Unkel richtete man erst auf Druck hoher Stellen überhaupt einen Bahnhof ein. Auch das nördliche Ende der Strecke wurde zum Streitobjekt: Bei der Änderung der ursprünglich geplanten Strecke über Siegburg in eine Linienführung über Troisdorf und die Friedrich-Wilhelms-Hütte machten Gustav Mevissen, Eisenbahndirektor und Anteilseigner der Friedrich-Wilhelms-Hütte, sowie Emil Langen, Direktor der Hütte, ihren Einfluss geltend. Da die Anbindung an die linksrheinische Strecke Bestandteil der Konzession war, wurde zwischen Oberkassel und der Bonner Gronau eine Eisenbahn-Fähre, ein „Trajekt", eingerichtet, das bis 1914 in Betrieb war.

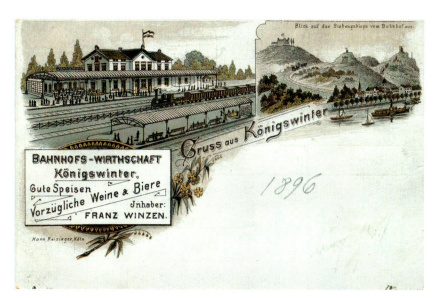

Bahnhof Königswinter
Ansichtskarte, 1896
*Siebengebirgsmuseum/
Heimatverein Siebengebirge*

Gepäcktransport am Bahnhof Königswinter
Fotografie, undatiert
*Siebengebirgsmuseum/
Heimatverein Siebengebirge*

Ein wahrer Golddampf

Eisenbahntrajekt auf der Fahrt nach Bonn

Reproduktion eines Gemäldes von T. Segauer (?), um 1900

Archiv und Wissenschaftliche Bibliothek, Bonn

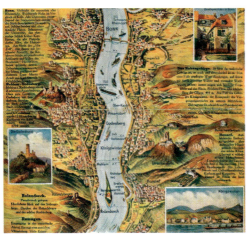

Relief-Panorama des Rheines

Hoursch-Bechstedt, Köln, um 1910

Zwischen Ramersdorf und der Rheinaue ist eine Eisenbahn auf dem Rhein eingefügt: Symbol für das dort bis 1914 bestehende Eisenbahntrajekt.

Siebengebirgsmuseum / Heimatverein Siebengebirge

Eisenbahntrajekt

Fotografie, undatiert

Heimatverein Oberkassel

Auf Einweihungsfeiern verzichtete man im Sommer 1870. Acht Tage nach Freigabe der Strecke Oberkassel - Niederlahnstein erklärte Frankreich Preußen den Krieg. Wenige Tage später wurden die ersten Züge zum Truppentransport requiriert.

Inzwischen hatte auch das preußische Militär die strategische Bedeutung der rechtsrheinischen Uferstrecke erkannt, die die Festungen Ehrenbreitstein und Köln bzw. Deutz miteinander verband, und drängte auf ihre Vollendung. Um die Brücke über die Sieg fertig zu stellen, wurden deshalb nicht nur 500 zusätzliche Kräfte eingestellt, sondern auch französische Kriegsgefangene eingesetzt. 1880 kaufte der preußische Staat gegen den Protest vieler Aktionäre die Rheinische Eisenbahn auf (für 591 Mio. Mark). Die Zeit der Privatbahnen in Preußen war damit vorbei.

Viele Menschen am Siebengebirge fanden Anstellung bei der Eisenbahn, dem größten Arbeitgeber in Deutschland. Nicht nur die soziale Absicherung, die man als Eisenbahner genoss, sondern auch *die Aura von Aufbruch, Fortschritt und Modernität, die das neue Verkehrsmittel [...] umgab* (Lothar Gall), zog viele an. *Bei der großen politischen Wichtigkeit der Eisenbahnen* durften jedoch nur *politisch gut gesinnte Leute* Eisenbahner werden - so ein Erlass des Handelsministers.

Anders als im Ausland war die Eisenbahn in Preußen Antrieb für die Industrialisierung. Gerade entlang der rechtsrheinischen Strecke profitierten viele mittlere und kleine Unternehmen, wie Eisenerzbergwerke, Eisenhütten und Basaltwerke, davon, die nun ihrerseits Kleinbahnen bauten, wie z. B. die Heisterbacher Talbahn oder die Kasbachtalbahn. Gleichzeitig wurde die Eisenbahn zum ersten Massenverkehrsmittel und demokratisierte damit das Reisen. Besonders am Siebengebirge förderte sie den Fremdenverkehr so, dass bereits 1844 ein unbekannter Autor im „Rheinischen Antiquarius" Königswinter *Golddampf* voraussagte: *Denn wo sonst zehn Menschen in langsamen Stunden langsam heranwandelten [...] fliegen [...] Tausende und Zehntausende in Minuten zusammen.* Diese „transportierte" man später vor Ort mittels Drachenfels- und Petersbergbahn ins Gebirge. Zur *Aufschließung des Siebengebirges* spendete die Rheinische Eisenbahngesellschaft dem Verschönerungsverein sogar jährlich 10.000 Mark.

Nach der Verstaatlichung änderte sich das Verhältnis Königswinters zur Bahn. So häuften sich Klagen über Verspätungen, durch die *eine ganze Menge an Zeit, Gesundheit und Freude beim Volke verloren gehen.* Ständig geschlossene Bahnübergänge und fehlende Unterführungen waren - damals wie heute - ein weiteres Übel. In den 1890er Jahren nahmen in Königswinter *empfindliche Störungen des Fremdenverkehrs* zu, da die Stadt nicht mehr von den *holländischen Schnellzügen* angefahren wurde, *die von großer Bedeutung waren, da sich ihrer vorzugsweise die besseren Stände aus Holland und vom Niederrhein bedienten* und so die Gewerbetreibenden wie auch die beiden Zahnradbahngesellschaften auf den Drachenfels und Petersberg *schwer in ihren berechtigten Interessen bedroht werden.* Dies traf besonders Kölner Tagesausflügler, die nun *das Vergnügen hier einige Stunden in reiner Gebirgsluft athmen zu können mit einer fünfviertelstündigen Fahrt im Bummelzuge bei großer Hitze erkaufen müssen.* Auch der Zustand des Bahnhofs wurde beklagt: Die *Einzäunung des Bahnhofsgärtchens hat schon manch bescheidenes Kleid und manch kostbare Garderobe zu Schaden kommen lassen.*

Das neue Verkehrsmittel barg mancherlei Gefahren. Vier Jahre nach Inbetriebnahme der Strecke entgleiste bei Honnef ein Güterzug und stürzte die Böschung hinab *dem Rhein zu.* Grund war *die Nachlässigkeit des betreffenden Weichenstellers,* so das „Echo des Siebengebirges". *Durch die Wachsamkeit eines Maschinisten* entging 1877 ein Personenzug in Königswinter knapp einer Katastrophe, als ein Fuhrwerk *den Bahnübergang [...] gewinnen wollte* und dabei in den Schienen stecken blieb: *Den vereinten Bemühungen des Zugpersonals gelang es jedoch bald das Geleise zu räumen, so dass der Zug nach kurzem Aufenthalt seinen Weg fortsetzen konnte.* Die viel gepriesene Witterungs-Unabhängigkeit der Eisenbahn stieß am Rhein an ihre Grenzen: Nach wiederholten Hochwassern mussten nach 1883 die Bahndämme höher gelegt, in Linz gar ein Viadukt gebaut werden.

Zeitmessung wurde im Eisenbahnzeitalter entscheidend: Seit 1848 mussten Zug- und Lokomotivführer, Bahnmeister und -wärter im Dienst eine *richtig gehende Uhr bei sich tragen* (Eisenbahn-Verordnungsblatt 1886), die die „Berliner Zeit" anzeigte. Hatte früher jeder Ort seine eigene Zeit, die sich am lokalen Stand der Sonne orientierte, beschwerte man sich in Königswinter 1890, dass der Bahnhof *noch nicht einmal über eine von außen sichtbare Uhr, die für Bahn und Publikum maßgeblich ist,* verfügte.

Bahnhofsuhren sind auch heute noch *für Bahn und Publikum maßgeblich.* Allerdings ist von der früheren Eleganz der repräsentativen Gebäude, an denen sie angebracht waren, und in denen man, wie in Honnef, einst gekrönten Häuptern wie Schwedens Königin Sophia einen „großen Bahnhof" bereitete, heute nichts mehr zu spüren.

Literatur und Quellen

Bremm, Klaus-Jürgen: Von der Chaussee zur Schiene, München 2005 – Fuchs, Konrad: Eisenbahnprojekte und Eisenbahnbau am Mittelrhein 1836-1903, in: Nassauische Annalen 67 (1956), S. 158-202 – Gall, Lothar und Manfred Pohl (Hg.): Die Eisenbahn in Deutschland. Von den Anfängen bis zur Gegenwart, München 1999 – Hombitzer, Adolf: Aus Vorgeschichte und Geschichte Oberkassels und seiner Umgebung, Bonn 1959 – Land, Erich und Helmut Schulte: 125 Jahre Bahnhof Troisdorf 1861 – 1986, Troisdorf 1986 – Neu, Heinrich: Der Anschluss des rechtsrheinischen Raumes von Bonn an den Eisenbahnverkehr. Eine Studie zur rheinischen Eisenbahn-Geschichte, Bonn 1971 – Then, Volker: Eisenbahnen und Eisenbahnunternehmer in der Industriellen Revolution, Göttingen 1997

Rheinischer Antiquarius. III. Abt. Bd 8, Koblenz 1861 – Echo des Siebengebirges, Zeitung für Königswinter und Umgebung, 23.10.1875, 20.3.1877, 29.4.1891, 2.5.1891, 8.10.1910 – Stadtarchiv Unkel: Bertram Fransquin, Bürgermeisterchronik Unkel – Stenographische Berichte über die Verhandlungen der durch die Allerhöchste Verordnung vom 29. Dez. 1864 einberufenen beiden Häuser des Landtages, Haus der Abgeordneten, Bd. 4, Berlin 1865

Bahnhof Königswinter

Axel Thünker, 2015

Ein wahrer Golddampf

Bahnhof Bad Honnef
Axel Thünker, 2015

Der lange Weg zur Eisenbahn

Blick auf Mainz, mit Eisenbahn

Ludwig Bleuler (1792–1850); Gouache, um 1848

Südlich von Mainz ist als Hinweis auf die neue Eisenbahnlinie der „Ludwigsbahn" eine Lokomotive dargestellt (Ausschnitt), obwohl die Strecke zu dieser Zeit erst geplant war.

Bonn, Sammlung RheinRomantik

Stephan Herritsch

Die Löwenburg und die Vermessung der Rheinlande

„Beobachtung bei bedecktem Himmel"

Ruinen der Löwenburg
Im Vordergrund links: Trigonometrischer Punkt
Axel Thünker, 1994

Beobachtung bei bedecktem Himmel

Ruine der Löwenburg

Unbekannter Künstler;
Aquarell, um 1840/50

*Siebengebirgsmuseum/
Heimatverein Siebengebirge*

Doch bevor ein Holzsignal den trigonometrischen Punkt Löwenburg (Dreieckspunkt I. O. - erster Ordnung) markierte und man von dort aus das „Rheinland" vermessen konnte, musste zunächst das Verfahren der Triangulation entwickelt werden. Dahinter verbirgt sich die einfache Tatsache, dass man im Gelände mindestens drei in ihrer Lage bekannte Punkte benötigt, um jeden beliebigen weiteren Punkt bestimmen zu können. Dieses sogenannte „Einschneiden" von Neupunkten durch Winkelmessungen war bereits im Mittelalter bekannt, wurde jedoch nur auf kurzen Distanzen eingesetzt. Eine erste systematische Triangulation wurde im Jahre 1533 vom Niederländer Rainer Gemma Frisius beschrieben. Tycho Brahe benutzte 1578/79 das Verfahren bei der Vermessung von Dänemark. Willebroad Snell von Royen führte in den Jahren 1614/15 eine systematische Dreiecksvermessung zwischen Bergen op Zoom und Alkmaar durch und etablierte damit die Triangulation. Für Detailaufnahmen bedeutsam war die Einführung des Messtisches, der 1590 von Johannes Richter Praetorius als Instrument zur topographischen Landesaufnahme eines Kartenblattes beschrieben wurde. Dieses geometrische Tischlein besteht aus einer auf ein Stativ gestellten horizontalen Tischplatte, auf der das aufzunehmende Kartenblatt fixiert wird. Ein Lineal mit einer Visiereinrichtung, die zunächst aus einem Diopter und später aus einem kippbaren Fernrohr bestand, diente zum Anvisieren der Zielpunkte. Nachdem sich der Messtisch im 18. Jahrhundert durchgesetzt hatte, blieb er bis weit in das 20. Jahrhundert das Standardwerkzeug zur Herstellung topographischer Karten.

Ende des 18. Jahrhunderts wurde das Siebengebirge vom Arzt und Naturforscher Carl Wilhelm Nose in Begleitung des Bergmanns und Zeichners Thomas bereist, der sich in seinen Orographischen Briefen von 1789 über das unzureichende Kartenmaterial des Siebengebirges beklagte, dass *mündliche Nachrichten und der treue Compaß oft besser als* alle Karten sie an ihr Ziel führten. Bei ihrer Reise auf die Löwenburg wurde diese von Thomas mit einer Höhe von 595 Metern, der Ölberg zuvor mit 575 Metern bestimmt. Somit galt die Löwenburg als höchster Punkt des Siebengebirges, der fälschlicherweise um ca. 120 Meter zu hoch bestimmt worden war.

Im Jahre 1801 forderte Napoleon den Oberst Jean Joseph Tranchot auf, eine topographische Karte der linksrheinischen französischen Gebiete anzufertigen. Damit wurde die vermeintlich höchste Erhebung des Siebengebirges zu einem trigonometrischen Punkt. Von dieser „Vermessung" der Höhe abgesehen, eignete sich die Löwenburg besonders gut als Hauptdreieckspunkt, da dieser durch die Ruine signalisiert wurde und von weitem gut anzumessen war.

Die ersten Arbeiten zur systematischen militärischen Landesaufnahme begannen in Preußen 1814. Die auf Dreiecksketten und -netze gestützte topographische Landesaufnahme ist in ihren Anfängen mit dem Namen des späteren Generalfeldmarschalls Philipp Friedrich Carl Ferdinand von Müffling verbunden, dessen Ziel die Herstellung eines einheitlichen Kartenwerkes war. Die Grundlage dazu war eine umfassende trigonometrische Vermessung Preußens, die an die benachbarten bereits vorhandenen Gradmessungen anschließen sollte.

Nach dem Wiener Kongress erhielt von Müffling die Arbeiten von Tranchot, der bereits eine umfassende Vermessung vorgenommen hatte. Unter von Müffling wurde in den Jahren 1816 bis 1821 im Anschluss an die Tranchot'schen Dreiecke eine Dreieckskette vom Rhein über die Sternwarte in Seeberg geschaffen, die später bis Berlin verlängert wurde, wobei die Löwenburg als ein Punkt der Kette diente. Bis 1822 wurde auch eine Verdichtungstriangulation zweiter und dritter Ordnung vom Rheinland bis nach Thüringen auf-

gebaut. Als trigonometrische Punkte dienten Hochpunkte (Kirchtürme und Burgen), aber auch Bodenpunkte, die durch hölzerne Beobachtungspyramiden markiert wurden. Folgende Bemerkung zur Löwenburg steht in den Beobachtungsprotokollen der Offiziere O'Etzel und Michaels: *Die Mitte des viereckigen Ruinenthurmes ist das Stationscentrum. Der Stand des Intruments war bei den Beobachtungen vom Jahre 1817 im Stationscentrum.* Von Müffling plante bereits die Weiterführung der Triangulation zu den Anschlüssen an die russischen und österreichischen Gradmessungen, womit seine Arbeiten als ein preußischer Beitrag zur Erdvermessung angesehen werden können. Carl von Decker stellte mit seinem „Musterblatt für die topographischen Arbeiten" Regeln für die Detailvermessung auf. Von Müffling verfasste daraufhin 1821 seine „Instruction für die topographischen Arbeiten des Königlich Preußischen Gene-

Der Müfflingsche Trigonometrische Punkt auf der Löwenburg

Ur-Riss der Gemeinde Honnef, Flur 8, 1826

Die preußischen Militärgeometer nutzten 1817/20 diese Stelle als trigonometrischen Punkt 1. Ordnung. Erst später, nach dem Einsturz der Ruine wurde das Signal neben der Turmruine aufgebaut.

Katasterverwaltung Siegburg

Beobachtung bei bedecktem Himmel

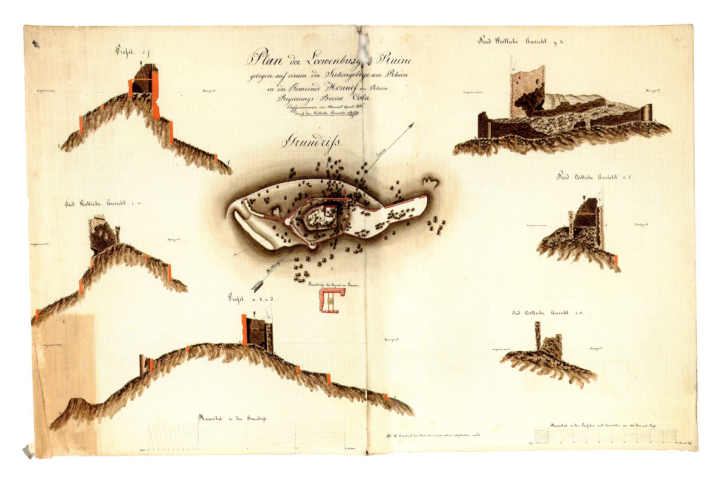

Plan des Obergeometers Stoll

Feder- und Tuschezeichnung, April 1830 (Ausschnitte)

Der detaillierte Plan zeigt in mehreren Ansichten das Signal und dessen Position in der Mitte der Löwenburger Turmruine. Deutlich markiert wird auch das Mauerelement, das für den Vermessungspunkt abgetragen wurde.

*Bezirksregierung Köln,
Dez. 35 - Sonderliegenschaften*

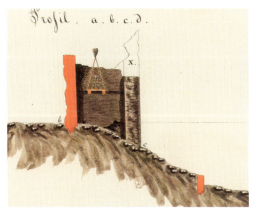
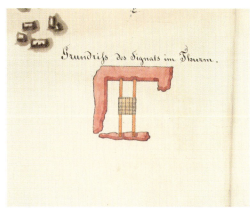

ralstabes", womit erstmals einheitliche Regeln für die trigonometrischen Messungen und auch für die topographischen Aufnahmen mit Messtischen aufgestellt wurden. Die topographischen Arbeiten folgten den Dreiecksvermessungen und wurden nach der Müffling'schen Instruktion im Maßstab 1:25.000 angefertigt, was dem Maßstab heutiger topographischer Karten entspricht.

1829 wurde der Obergeometer Stoll aus Linz am Rhein von der Katasterkommission Koblenz beauftragt, ein Netz aus trigonometrischen Punkten zweiter und dritter Ordnung im Anschluss an den Punkt Löwenburg erster Ordnung über Teile des Kreises Altenkirchen zu legen. Bisher musste lediglich nach Westen gemessen werden, nun aber sollte nach Osten gemessen werden, wobei sich herausstellte, dass die nördliche Turmmauer der Löwenburg die Sicht versperrte. Daraufhin wurde ein Teil des Ruinenturms abgerissen. Dies führte zu einer Beschwerde der Regierung in Köln bei der Regierung in Koblenz und der Forderung einer Bestrafung Stolls wegen der Zerstörung des öffentlichen Denkmals, was letztlich eine Ordnungsstrafe von 10 Reichstalern nach sich zog. Auch bei weiteren Messarbeiten wurde immer wieder von Schwierigkeiten auf der Löwenburg berichtet. Diese bestanden vor allem darin, den Punkt Löwenburg eindeutig zu identifizieren. In einem Brief vom Geometer Hebig an die Katasterkommission in Koblenz vom 20.10.1833 heißt es: *Ob aber die Signale immer auf einer Stelle angebracht waren, konnten die Leute sich nicht erinnern. In meiner [...] Beschreibung des Punktes Löwenburg habe ich erwähnt,* *daß das Tranchotsche Signal höchstwahrscheinlich in der Mitte der Turmruine gestanden habe.*

In der Folgezeit erfuhr die Landesvermessung vor allem durch Friedrich Wilhelm Bessel und Johann Jacob Baeyer eine wissenschaftlich-technische Durchdringung. Bessel stellte fest, dass die mathematische Erdfigur merkbare Abweichungen aufweist, und schuf als Konsequenz 1841 den sogenannten Bessel-Ellipsoiden. Dieser Ellipsoid wird ab 1866 Basis für die preußische Landvermessung, wird aber auch in vielen anderen Ländern, wie Russland, Japan und Chile, benutzt. Die Gradmessungen wurden nun nicht mehr dem Militär, sondern dem Wissenschaftler Bessel übertragen. Baeyer, der bereits unter von Müffling an den topographischen und trigonometrischen Arbeiten im Rheinland teilgenommen hatte, befasste sich in seiner Zeit im Generalstab mit dem Mittelwasser der Ostsee, welches als Niveaufläche für die Höhenbestimmung diente. Er entwickelte schließlich mit dem „trigonometrischen Nivellement" eine Methode zur relativen Höhenbestimmung. Ab den 1840er Jahren werden nun bei Aufnahmearbeiten auch Höhenlinien konstruiert. Nachdem 1843/44 mehrere Versuche einer Neuberechnung des Dreiecksnetzes im Rheinland scheiterten, wurde Baeyer beauftragt, sich des Problems anzunehmen, und schuf eine neue Grundlinie. 1847 wurde zunächst ein Beobachtungspfeiler südwestlich des mittlerweile weitgehend abgetragenen Ruinenturms errichtet sowie ein Fundamentstein mit der Aufschrift T.P. zur eindeutigen Markierung platziert. 1862/63

Signal der Landesvermessung auf der Löwenburg
Fotografie, 1893 (Reproduktion)
Der hölzerne Turm bezeichnet den Vermessungspunkt. Im Hintergrund ist eine ehemalige Aussichtsterrasse zu sehen.
Bezirksregierung Köln, GEOBasis NRW

wurden Renovierungsmaßnahmen an der Löwenburg durchgeführt mit der Folge, dass 1868 ein neuer Vermessungspunkt geschaffen werden musste: *Der alte trigonometrische Punkt von 1847 konnte nicht wieder aufgefunden werden, weil bei der Wiederherstellung der Ruine Löwenburg der Festlegungsstein T.P. aus seiner Lage gerückt und ebenso die Mitte der Ruine durch Anbau unzugänglich geworden ist. Auf festem Fundament wurde ein Pfeiler von 1.2 Meter Höhe aus Backstein und Cement auf dem Plateau der Ruine gebaut, dessen Centrum als neuer trigonometrischer Punkt durch vier Versicherungssteine festgelegt ist. Zum ersten Festlegungsstein wurde der mit T.P. bezeichnete oberste Stein der Südwestecke der Ruine genommen, die 3 anderen, Hausteine mit eingemeisseltem Kreuz, sind 0,25 Meter tief im Boden versenkt, und zwar einer in der rückwärts verlagerten Richtung vom Pfeilercentrum nach T.P., die beiden anderen rechtwinkelig auf diese Richtung, so dass ihr Diagonalschnittpunkt mit dem Pfeilercentrum zusammenfällt. Die Entfernung der Steine vom Centrum beträgt 2,08 Toisen = 4,054 Meter. Der Pfeiler hat eine Seehöhe von 455 Metern. Das Instrument stand im Centrum des Pfeilers; zum Nullpunkt diente das Kreuz auf dem Dache der Peterskapelle. Für Beobachtung bei bedecktem Himmel war noch ein Holzsignal gebaut.* 1891 wurde ein Pfeiler aus Granit errichtet.

Die Ergebnisse der preußischen Landesvermessung sind im Grunde bis heute in Nordrhein-Westfalen verbindlich. 1977 wurden nach einer systematischen Überprüfung der preußischen Triangulation die Koordinaten der Löwenburg um 0,12 m berichtigt. Bei Renovierungsarbeiten von 1979 bis 1988 wurde die 1891 errichtete Vermarkung von einer Stützmauer gesichert, damit die Lage des Punktes unverändert bleibt. Seit 1988 erinnert zudem eine Bronzetafel am Bergfried an das vermessungstechnische Denkmal Löwenburg.

Die Löwenburg und die Vermessung der Rheinlande

Musterblatt des Königlich Preußischen Generalstabes

Carl von Decker (1784-1844); Zeichnung, (Reproduktion; Ausschnitt) 1818

Das Blatt zeigt eine erste Anleitung zur einheitlichen Kartierung.

Bezirksregierung Köln, GEOBasis NRW

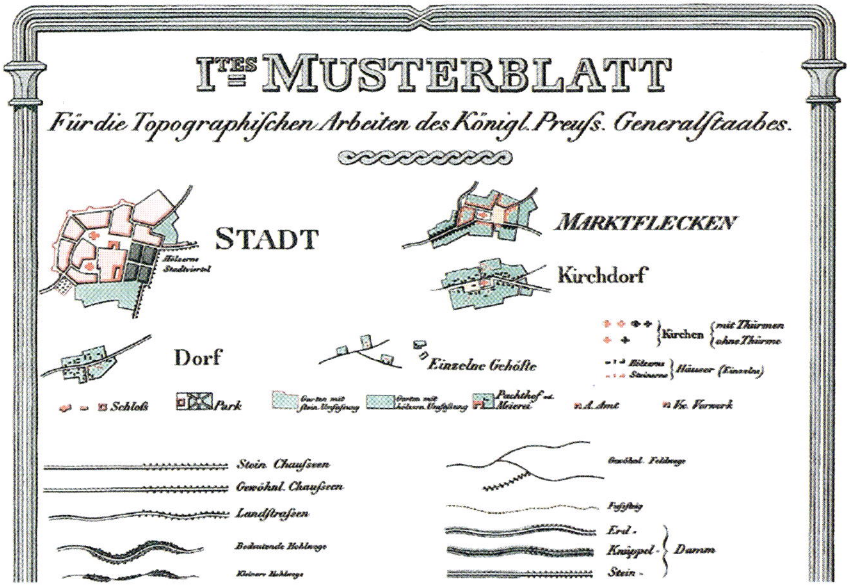

Preußische Uraufnahme

Blatt 5309 Honnef-Königswinter

Aufnahme und Zeichnung: Leutnant von Hippel, 1845, Reproduktion

Bezirksregierung Köln, GEOBasis NRW

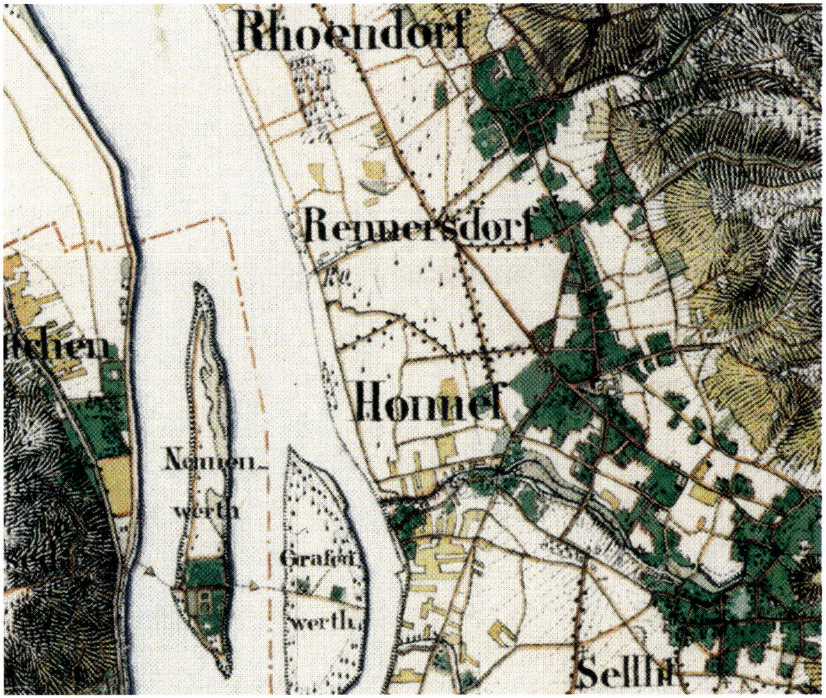

Literatur und Quellen

Helmert, Friedrich Robert: Übersicht der Arbeiten des Königlich Preußischen Generalstabes unter Generalleutnant z.D. Dr. Baeyer, nebst einem allgemeinen Arbeitsplane des Instituts für das nächste Decennium, Berlin 1886 - Landesvermessungsamt NRW: Der Hauptdreieckspunkt Löwenburg im Siebengebirge, Bonn 1989 - Landesvermessungsamt NRW: Erläuterung zu den Musterblättern für die topographischen Arbeiten des Königlich Preußischen Generalstabes, Berlin 1818, Reproduktion Bonn 1989² - Reichsamt für Landesaufnahme: Das Reichsamt für Landesaufnahme und seine Kartenwerke, Berlin 1931 - Schmidt, Rudolf: Die preußische Dreieckskette vom Rhein über Schlesien nach Memel 1817-1834. In: Geschichte und Entwicklung der Geodäsie, Reihe E, Heft Nr. 29, 2007 - Schmidt, Rudolf: Der Finkenberg in der Landesvermessung, Bonn 2014 - Torge, Wolfgang: Geschichte der Geodäsie in Deutschland, Berlin 2009²

Irene Haberland

Preußische Burgen am Rhein

„Ein schönes Ritterschloß im reinsten byzantinischen Stil"

Bonn, Bad Godesberg und die Godesburg
Axel Thünker, 2015

Paravent mit einer Ansicht von Koblenz und Ehrenbreitstein
Detail

Caspar Scheuren (1810-1887) und Theodor Metz, Hofvergolder in Berlin; Farblithographie; 1855/60

Der aufwändig gestaltete Wandschirm wurde wahrscheinlich anlässlich der Hochzeit des preußischen Kronprinzen Friedrich, dem späteren Kaiser Friedrich III., mit der englischen Prinzessin Victoria in Berlin in der Werkstatt des Hofvergolders Theodor Metz in Berlin angefertigt. Der Wandschirm stand ursprünglich im Porzellankabinett des Karlsruher Schlosses, westliches Corps de Logis, Appartement der Großherzogin Luise.

Sammlung RheinRomantik, Bonn

Ein byzantinisches Schloss ist am Rhein natürlich nie gebaut worden, wurde jedoch von dem jüngsten Bruder Friedrich Wilhelms IV., dem Prinzen Albrecht von Preußen (1809-1872), oberhalb von Oberwesel geplant. Hier hatte er 1842 – im Jahr der Einweihung von Schloss Stolzenfels – die Ruine der Schönburg erworben, mit weitreichenden Umbauplänen: *Er läßt die neuere Burg wieder aufbauen*, schrieb der Stolzenfelser Chronist Heinrich Malten 1844, *es soll ein schönes Ritterschloß im reinsten byzantinischen Styl werden, dessen großartige, von hohen Thürmen überragte Gebäude den an sich schon malerischen Charakter dieser Gegend noch ergreifender machen werden.* Realisiert wurden diese Pläne jedoch nie, ebenso wenig wie die Umbaupläne für Burg Rheinfels oberhalb von St. Goar. Hier hatte, ebenfalls im Jahr 1842, Prinz Wilhelm (1797-1888), der spätere König Wilhelm I., die Ruine Rheinfels erworben, um – ohne Rücksicht auf den bestehenden Ruinenbestand – auf dem Bergrücken mit der weitgreifenden alten Festungsanlage einen kompletten Schlossneubau mit großzügigen Parkanlagen zu errichten.

Bei beiden Brüdern war unter dem Eindruck der phantasievoll gestalteten Einweihung von Schloss Stolzenfels, die am 14. September 1842 mit mittelalterlich kostümierten Bauleuten und einem Fackelzug gefeiert wurde, ebenfalls der Wunsch nach einer eigenen Burg am Rhein entstanden. Teilweise kann dieser Wunsch – vereinfacht formuliert – mit einer romantischen Weltsicht begründet werden, doch waren auch handfeste politische Interessen mit im Spiel. Nachdem das Rheinland durch die Gebietsreform des Wiener Kongresses 1815 preußisch geworden war, vermischten sich die anfänglich stark romantisierenden Vorstellungen der preußischen Prinzen zunehmend mit dem Wunsch, das linksrheinische Ufer politisch zu festigen und die markanten Burgen und Ruinen in eigener Regie wieder aufzubauen und zu bewohnen. Diese Bauvorhaben gingen Hand in Hand mit den großen preußischen Wiederaufbau- und Restaurierungsprojekten im Rheinland. Zu diesen zählte unter anderem die strategisch immer noch wichtige Festung Ehrenbreitstein bei Koblenz, deren Aufbau als erstes begonnen wurde, spä-

Paravent mit einer Ansicht von Koblenz und Ehrenbreitstein
Sammlung RheinRomantik, Bonn

ter auch die für die Antikenrezeption im Rheinland wichtige Porta Nigra in Trier, die dynastisch bedeutsame Klause von Kastel an der Saar, der Königsstuhl von Rhens am Rhein und auch als weithin sichtbares Monument der Kölner Dom.

Bereits unmittelbar nach dem Wiener Kongress besuchte Kronprinz Friedrich Wilhelm (1795-1861) den Rhein. Seine Phantasie war geprägt von der Lektüre der jüngsten Romane de la Motte-Fouqués, und er war hingerissen von der Einheit von Landschaft und historischen Burgen und Ruinen, die er entlang des Rheins fand. Man kann mit Sicherheit annehmen, dass er ebenfalls Schlegels Definition der historischen Größe des Mittelalters und der Bedeutung historischer Bauten kannte; auch dies wird ihn bei der bewussten Wahrnehmung der rheinischen Landschaft beeinflusst haben.

1823 wurde dem Kronprinzen von der Stadt Koblenz die nahegelegene Ruine Stolzenfels geschenkt, die - nach mehrmaligen Planänderungen - zu einer preußischen Residenz am Rhein ausgebaut wurde. Die hoch über dem Rhein gegenüber der Lahnmündung liegende Burg wurde als weithin sichtbares Zeichen preußischer Präsenz verstanden, die Ausstattung des Schlosses spiegelt in vielen Facetten den Wunsch nach einer dynastischen Verankerung der Hohenzollern im Rheinland. Dem Bauleiter General von Wussow standen dabei auch die Vorteile für die rheinische Provinz vor Augen, als er diplomatisch geschickt gegenüber dem Königspaar auch seine Ausbaupläne der Garten- und Parkanlagen formulierte: Er habe einzig *den Zweck vor Augen, den Aufenthalt Eurer Majestät und Ihrer Majestät der Königin in hiesigen Rheinlanden ebenso zu einem Sanssouci an den herrlichen Gestaden des Rheinstromes als zu einem segensreichen Aufenthalt für die hiesigen Provinzen* zu gestalten. Stolzenfels wurde zu einem weithin sichtbaren Symbol der preußischen Präsenz im Rheinland, weit stärker, als es die vergleichbaren Wiederaufbauten von Rheinstein oder Sooneck waren.

Burg Rheinstein, ursprünglich Burg Vautsberg genannt, wurde 1822 von Prinz Friedrich von Preußen (1794-1863), einem Vetter des Kronprinzen, ausgesucht und bereits 1823 erworben. Der Aus- und Umbau ging unter weitgehender Berücksichtigung der historischen Bausubstanz und des äußeren Erscheinungsbildes der Mauern rasch vonstatten. Bereits 1829 konnte Prinz Friedrich mit seiner Frau und den beiden Söhnen die Burg beziehen, die - als Sommerresidenz konzipiert - mit drei großen zum Rhein hin zu öffnenden Fenstertüren ihren wehrhaften Charakter fast vollkommen verloren hatte.

Die dritte von den preußischen Prinzen wieder aufgebaute Burg war Sooneck, oberhalb von Trechtingshausen auf einem Felssporn des Soonwaldes gelegen. Hier wollten die vier prinzlichen Brüder (Friedrich Wilhelm, Wilhelm, Carl und Albrecht) einen gemeinsamen Traum verwirklichen, den sie bereits in Potsdam verfolgt hatten: Der Bau eines nur von den vier Brüdern allein zu nutzenden Jagdschlosses, in dem sie fernab aller familiären und gesellschaftlichen Zwänge beisammen sein konnten. Der Erwerb der

Der Königsstuhl zu Rhens

Farblithographie aus:
Scheuren/Sonderland 1865-68
(vgl. Abb. S. 58)

Der 1804 von französischen Truppen zerstörte Königsstuhl zu Rhens gehörte zu den wichtigen Restaurierungsprojekten des preußischen Königshauses am Rhein; er wurde 1842 wieder eingeweiht.

*Siebengebirgsmuseum/
Heimatverein Siebengebirge*

Burg Sooneck erfolgte wie die Einweihung von Stolzenfels im Jahr 1842, der Ausbau zog sich jedoch bis 1864 hin. Genutzt haben die vier Brüder die Burg gemeinsam nicht mehr, einzig Albrecht als jüngster Bruder war zeitweilig auf der Burg zu Gast. Dennoch spiegelte die Burg die ursprünglichen Träume der Brüder auch in ihrer Raumaufteilung wider: Für jeden der Prinzen war nur ein Schlafzimmer mit anschließendem Lesekabinett vorgesehen, ein gemeinsamer, als Rittersaal konzipierter Wohnraum beschloss das Wohnkonzept. Räume für Gäste oder weitere Familienmitglieder waren nicht vorgesehen, Zimmer für das Personal befanden sich im knapp bemessenen Raum des Bergfrieds.

Ausbaupläne weiterer Burgen blieben teils aus finanziellen, teils aus persönlichen und/oder politischen Gründen nur Wünsche. Innerhalb von nur einer Generation befanden sich jedoch alle wichtigen linksrheinischen Burgruinen im Besitz der preußischen Königsfamilie. 1829 bereits hatte Kronprinz Friedrich Wilhelm die oberhalb von Bacharach gelegene Ruine Stahleck erworben und sie seiner Frau Elisabeth Ludovika (1801-1873), einer gebürtigen Wittelsbacherin, zum Geschenk gemacht. Friedrich Wilhelms Bestreben einer historischen und dynastischen Verankerung im Rheinland spiegelt sich auch hier, war doch die Burg von 1214 bis 1806 Wittelsbacher Besitz. Doch Elisabeth hatte wenig Interesse an der Burg,

Burg Rheinstein

Farblithographie aus:
Scheuren/Sonderland 1865-68
(vgl. Abb. S. 58)

Prinz Friedrich von Preußen erwarb 1823 die Burgruine, der Ausbau wurde bereits 1829 abgeschlossen.

*Siebengebirgsmuseum/
Heimatverein Siebengebirge*

ein Ausbau unterblieb und wurde erst in den 1920er Jahren durchgeführt. 1842 erwarb Friedrich Wilhelm ebenfalls die Ruine der Godesburg und schenkte sie ein Jahr später seiner Schwägerin, der späteren Kaiserin Augusta (1811-1890). Ein Ausbau fand hier jedoch ebenso wenig statt wie im Falle der Burganlage Rolandseck. Diese war seit 1831 im Besitz der Prinzessin Marianne von Preußen (1810-1883), wurde aber auch nicht wieder aufgebaut. Allein der dazugehörige, einzelne „Rolandsbogen" wurde als eines der charakteristischen Merkmale der Landschaft aus kulturhistorischen und ideellen Gründen nach seinem Einsturz wieder rekonstruiert (s. Beitrag „Der Rolandsbogen...").

Auch der im Rheinland neu ansässige preußische Adel beteiligte sich am Kauf von Burgen: Bereits 1832 erwarb der Jurist und spätere Bonner Universitätsprofessor und preußische Kulturminister Moritz August von Bethmann-Hollweg (1795-1877) die südlich von Remagen gelegene Burg Rheineck. Er restaurierte behutsam die Burganlage und bewahrte vor allem das noch aus der Stauferzeit stammende Erscheinungsbild der Burg. Die Schlosskapelle wurde als protestantische Kirche geweiht und war auch für die örtliche evangelische Bevölkerung zugänglich. Die Kapelle malte der Münchner Künstler Eduard von Steinle (1810-1886) mit einem Freskenzyklus zur Bergpredigt und den Seligpreisungen aus – ein Novum, gab es doch bislang keinen protestantischen Bildzyklus im Rheinland.

Mit dem Ausbau von Burg Rheineck gelangte ein weiterer Bautypus an den Rhein: der private (adelige) Wohnsitz. In seiner Folge entstanden – besonders in der zweiten Hälfte des 19. Jahrhunderts – weitere umgebaute, aber teilweise auch neu errichtete Wohnsitze des preußischen Adels am Rhein. Dazu gehörte das neu errichtete Schloss Marienfels unweit von Remagen ebenso wie die umgebaute Ramersdorfer Kommende oder die Rosenburg bei Bonn.

Burg Sooneck von Süden

Carl Friedrich Lessing (1808-1880) zugeschrieben; Öl auf Leinwand, um 1830/35

Burg Sooneck wurde von den vier preußischen Prinzen zu einem gemeinsamen Jagdschloss ausgebaut. Da der Umbau erst 1864, drei Jahre nach dem Tod Friedrich Wilhelms IV., fertiggestellt wurde, konnten sie es nicht mehr gemeinsam nutzen.

Sammlung RheinRomantik, Bonn

Literatur und Quellen

Ausst.-Kat. „Preußische Facetten. Rheinromantik und Antike. Zeugnisse Friedrich Wilhelms IV. an Mittelrhein und Mosel". Berlin, Trier u.a. 2001-2002, Regensburg 2001 – Haberland, Irene: Residenzlandschaft Rhein – Residenzen am Rhein. In: Ausst.-Kat. „Der Rhein. Ritterburgen mit Eisenbahnanschluss". Hg. v. Irene Haberland und Matthias Winzen, Baden-Baden 2012 – Haberland, Irene: Das Stolzenfelser Inventar als Spiegel preußischer Sammlungen und Interessen. In: Ausst.-Kat. „Die Preußen im Westen". Hg. v. Irene Haberland, Oliver Kornhoff, Matthias Winzen. Baden-Baden 2015 – Malten, Heinrich: Schloß Stolzenfels am Rheine, Frankfurt 1844 – Rathke, Ursula: Preußische Burgenromantik am Rhein. Studien zum Wiederaufbau von Rheinstein, Stolzenfels und Sooneck (1812-1860), München 1979 – Werquet, Jan: Historismus und Repräsentation. Die Baupolitik Friedrich Wilhelms IV. in der preußischen Rheinprovinz, Berlin u.a. 2010

Sandra Laute

Protestanten am Fuße des Drachenfels

"Aus Furcht vor Anstoß unterließ man den Gesang"

Evangelische Kirche Bad Honnef
Axel Thünker, 2014

Aus Furcht vor Anstoss unterliess man den Gesang

Evangelische Kirche in Bad Honnef
Ansichtskarte um 1900/10
Nahe der Kirche lag zu jener Zeit noch ein Tennisplatz.
Archiv Gutenberghaus, Bad Honnef

Am 1. Advent 1900 zieht ein langer Festzug durch Honnefs Straßen. Ziel ist die neue evangelische Kirche, die an diesem Tag geweiht werden soll. Viele Politiker und kirchliche Würdenträger aus nah und fern nehmen teil. Auf Wunsch der Schirmherrin Kaiserin Auguste Viktoria (1858-1921) sind eigens aus Berlin Oberhofmeister Ernst Freiherr von Mirbach (1844-1925) und Oberhofprediger Ernst von Dryander (1843-1922) zu den Feierlichkeiten angereist. Als Geschenk Ihrer Majestät überbringen sie der Gemeinde zwei silberbeschlagene Bibeln mit handschriftlicher Widmung. Das neue Gotteshaus präsentiert sich in strahlendem Weiß, den Giebel krönt eindrucksvoll die Figur eines vergoldeten Adlers. Er ist als Sinnbild der Kirche und der Kraft gemeint, weist aber ebenso als „Preußenadler" auf das Protektorat der Kaiserin hin.

Das von der protestantischen Gemeinde demonstrierte Selbstbewusstsein ist bemerkenswert, denn bis 1815 war die Bevölkerung in Königswinter und Bad Honnef nahezu rein katholisch. Die ersten beiden Protestanten, die in Königswinter ansässig wurden, sind namentlich bekannt: Es waren der aus Westfalen stammende Herr von Zastrow, der ab 1811 in Königswinter lebte, sowie der Tagelöhner Veutgen aus Ostpreußen, der 1814 bei der Rückkehr aus den Befreiungskriegen in Königswinter geblieben war. Nach 1815 zogen weitere Protestanten nach Königswinter und Honnef, die zunächst den Gottesdienst in der reformierten Gemeinde Oberkassel besuchten. Als 1848 ihre Zahl auf 53 gestiegen war, wurden die beiden Orte zur Filialgemeinde Oberkassels zusammengeschlossen. Der dortige Pfarrer kam nun alle 14 Tage nach Königswinter, um Gottesdienst zu halten. Zu diesem Zweck wurde 1849 ein eigener Betsaal eingerichtet: im ehemaligen „Zilles'schen Tanzsaal" in der Hauptstraße, im heutigen Haus Nr. 438, schräg gegenüber vom Haus des Bürgermeisters August Mirbach (s. Beitrag „Preußische Verwaltung").

Ab 1861 hatte die Gemeinde Königswinter/Honnef, die zu dieser Zeit 150 Seelen zählte, einen eigenen Pfarrer, zunächst Theodor Jordan, ab dem folgenden Jahr Emil Saenger (1839-1921). Diese kleine Gemeinde betrieb nun den ambitionierten Plan, in Königswinter eine eigene Kirche zu errichten.

Beim Planen auf Zuwachs wurden auch die vielen Urlauber und Touristen berücksichtigt, die im Sommer zu Besuch kamen. Der Pfarrer entwickelte eine beachtliche Aktivität, Spendengelder für den Bau zu sammeln, so dass bereits am Reformationstag 1864 die neue Kirche geweiht werden konnte. Als Architekt wurde Christian Heyden (1803 – 1869) aus Barmen gewonnen, der bereits mehrere neugotische Kirchen in Westfalen entworfen hatte. So entstand im Stil norddeutscher Backsteingotik eine Saalkirche mit anschließender dreiseitiger Chorapsis. Der Architekt hielt sich an die Vorgaben des sogenannten „Eisenacher Regulativs", eines Regelwerks für den Bau evangelischer Kirchen von 1861. Darin wurde unter anderem empfohlen, der Kirchenbau möge sich an einen der *geschichtlich entwickelten Baustile* anschließen, das heißt an die Romanik oder Gotik.

Auch in Honnef waren die Anfänge der evangelischen Gemeinde denkbar bescheiden: Am 23. Juli 1861 fand die erste Bibelstunde in der Privatwohnung von Frau Gadiot, einer Belgierin, statt. *Aus Furcht vor Anstoß unterließ man den Gesang*, so Pfarrer Röhrig in seiner Kirchengeschichte. Die Teilnehmer wurden allerdings trotzdem von dem katholischen Hausbesitzer hinausgeworfen. Zwei Jahre später mietete der Kölner Kaufmann Luchtenberg einen Betsaal im „Bischofshof" an der Mühlheimer Straße, der zu dieser Zeit als Fremdenpension genutzt wurde. Als auch dieser Raum 1869 gekündigt wurde, entschloss man sich zum Bau einer Kapelle an der Linzer Straße. Die Kapelle wurde 1901 zur Finanzierung

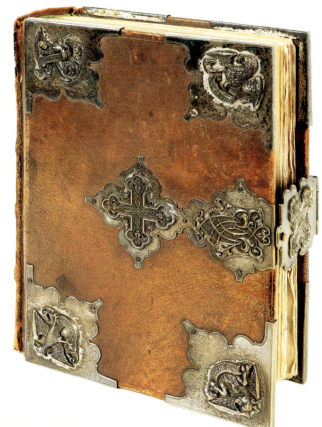

Silberbeschlagene Altarbibel

Mit handschriftlicher Widmung der Kaiserin Auguste Viktoria zur Einweihung der Kirche, 1900.

Archiv der Ev. Kirchengemeinde Bad Honnef

AUS FURCHT VOR ANSTOSS UNTERLIESS MAN DEN GESANG

Links: Entwurfszeichnung der Evangelischen Kirche in Bad Honnef

Ludwig Hofmann (1862-1933); kol. Federzeichnung, 1899

Laut Vermerk unter der Zeichnung sollen Änderungen am Turm von Kaiser Wilhelm II. stammen: „Die abändernden Striche auf dem alten Plan soll der Kaiser selbst gemacht haben".

Archiv der Ev. Kirchengemeinde Bad Honnef

Oben: Geänderter Entwurf des Kirchturms (Ausschnitt)

Ludwig Hofmann (1862-1933); kol. Federzeichnung, 1899

Archiv der Ev. Kirchengemeinde Bad Honnef

des Baus der neuen Kirche an die jüdische Gemeinde verkauft und in eine Synagoge umgewandelt. In der Reichsprogromnacht 1938 wurde das Gebäude niedergebrannt.

1876 lebten in Honnef bereits 150 Protestanten, die zwei Drittel des Kirchensteueraufkommens der gesamten protestantischen Gemeinde trugen und mehr Unabhängigkeit von Königswinter forderten. Daher wurden in Königswinter und Honnef jeweils eigenständige, von Oberkassel unabhängige Gemeinden konstituiert, die sich eine Pfarrstelle teilten. Als Pfarrer Saenger 1895 die Gemeinde verließ, kam es zur Auflösung des Pfarrverbandes und zur Bildung zweier selbstständiger Gemeinden: In Königswinter wurde Pfarrer Ernst Rentrop (1868-1937), in Honnef Pfarrer Karl Röhrig (1866-1927) eingestellt.

Im Jahrzehnt von 1890 bis 1900 stieg die Zahl der Protestanten in Honnef von 360 auf 672. Auch die adeligen Sommergäste, allen voran Königin Sophia von Schweden und Norwegen (1866-1913), nahmen regen Anteil am Gemeindeleben. So wurde die bescheidene Kapelle nicht mehr als angemessen empfunden, und das Presbyterium verfolgte den Plan, eine neue, wesentlich größere und repräsentativere Kirche zu errichten. Finanziert wurde das Vorhaben mit dem Erlös aus dem Verkauf der Kapelle, mit Spenden vermögender Gemeindemitglieder und durch eine beträchtliche und umstrittene Anhebung des Kirchensteuersatzes. Die Pläne stammten vom Architekten Ludwig Hofmann (1862-1933) aus Herborn, der bereits durch einige Kirchenbauten auf sich

Grundsteinlegung für die Evangelische Kirche in Honnef
Aufnahme: 29. Mai 1899
Rechts außen: Pfarrer Röhrig, daneben Presbyter Dißmann, weiter links mit Zylinder Bürgermeister Waechter
Archiv der Ev. Kirchengemeinde Bad Honnef

aufmerksam gemacht hatte. Wie Pfarrer Röhrig schreibt, wählte er *einen an die altchristliche Bauweise anknüpfenden Rundbogenstil, der vermöge seiner Derbheit und Ruhe am ersten den Honnefer Wünschen entspreche*. Nachdem am 16. September 1899 Kaiserin Auguste Viktoria die Schirmherrschaft übernommen hatte, fertigte Hofmann sofort eine Skizze an, die auch Kaiser Wilhelm II. vorgelegt wurde. Dieser soll eigenhändig eine Abänderung des Turmes vorgenommen haben. Der Architekt korrigierte nun seinen Entwurf, indem er auf das

Karl Röhrig (1866-1927)
Evangelischer Pfarrer in Honnef von 1895-1905
Archiv der Ev. Kirchengemeinde Bad Honnef

Evangelische Kapelle
Linzer Straße, Bad Honnef
Nachdem die evangelische Gemeinde die neue Kirche bezogen hatte, wurde die Kapelle der jüdischen Gemeinde als Gotteshaus verkauft.

Archiv der Ev. Kirchengemeinde Bad Honnef

oberste Turmgeschoss verzichtete und den hohen Turmhelm durch eine sogenannte „Bischofsmütze" ersetzte.

Warum interessierte sich das Kaiserpaar für diesen Bau in der Rheinprovinz? Hierzu haben vermutlich die besonderen Beziehungen von Pfarrer Röhrig beigetragen, der aus Berlin nach Honnef kam: Sein Schwiegervater Ernst Hermann von Dryander war ab 1898 Oberhofprediger und hatte als solcher ein enges persönliches Verhältnis zur Kaiserin. Diese wiederum förderte als Schirmherrin des Evangelischen Kirchenbauvereins die Errichtung evangelischer Kirchenbauten in der Diaspora.

Wie war nun das Verhältnis zwischen Protestanten und alteingesessenen Katholiken? Es gibt viele Hinweise, dass sich die Pfarrer beider Konfessionen bemüht haben, gut miteinander auszukommen. So waren bei größeren kirchlichen Festen auch immer Vertreter der jeweils anderen Konfession dabei, und in Königswinter hatten viele Katholiken an der Tombola zugunsten des Baus der evangelischen Kirche teilgenommen. Bei evangelischen Begräbnissen auf dem gemeinsamen Friedhof am Palastweiher wurden stets auch die Glocken der katholischen Kirche geläutet. Dennoch gab es Ressentiments gegen die Protestanten, die, laut Pfarrer Saenger, mit Schimpfwörtern wie „Calviner" oder „Luther'scher Dickkopf" belegt wurden.

Zu einer Verschlechterung der Beziehungen kam es 1866 während des Preußisch-Österreichischen Krieges, da sich die Katholiken mit ihren österreichischen Glaubensbrüdern solidarisierten. Pfarrer Saenger schrieb hierzu: *Auf Seiten der Katholiken des Rheinlandes war die Stimmung unverhohlen für Österreich, so sehr, dass man in den Kirchen betete ‚für die, die Recht haben' und damit nicht Preußen, sondern seine Gegner meinte, während wir Evangelischen ebenso ernst für die preußische und deutsche Sache eintraten.* Zu dieser Zeit kam es auch zur Störung einer evangelischen Beerdigung auf dem Königswinterer Friedhof, für die der katholische „Täter" zu einer vierwöchigen Gefängnisstrafe verurteilt wurde. Während des „Kulturkampfes" (s. Beitrag „Im Kulturkampf") verschärften sich die Spannungen noch.

Der Unterschied zwischen den beiden Konfessionen hatte nicht nur einen politischen, sondern auch einen sozialen Aspekt, denn viele der protestantischen Neubürger verfügten über höhere Einkommen. Als Pfarrer Saenger 1893 bei der Stadt Königswinter einen Antrag auf Förderung der evangelischen Privatschule stellte, wies er darauf hin, dass die Protestanten nur 1/11 der Bevölkerung stellten, aber 1/3 der Kommunalsteuer entrichteten.

Bei den Feierlichkeiten zur Weihe der neuen evangelischen Kirche in Honnef jedoch waren alle Konflikte für einen Augenblick vergessen. Der katholische Pfarrer Daniels nahm am Festessen teil und *rühmte und pries,* laut Pfarrer Röhrig, *die friedfertige Gesinnung, die in Honnef zwischen Evangelischen und Katholischen walte.*

Evangelische Kirche Bad Honnef
Seiteneingang
Axel Thünker, 2014

Aus Furcht vor Anstoss unterliess man den Gesang

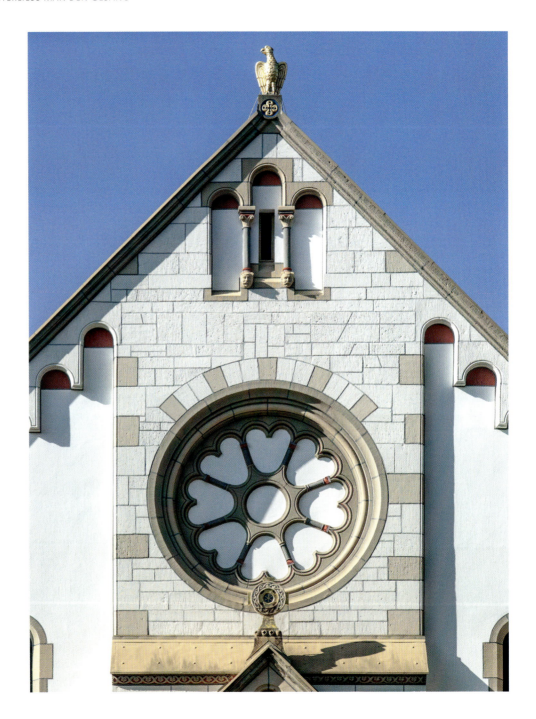

Evangelische Kirche Bad Honnef
Fassadengiebel mit Adler
Axel Thünker, 2014

Literatur und Quellen

Evangelische Kirchengemeinde Bad Honnef (Hg.): 100 Jahre evangelische Kirche in Bad Honnef (Talbereich). Neuere Geschichte und Entwicklung der evangelischen Kirchengemeinde Bad Honnef. Daten und Fakten 1961 – 2000 mit Anhang 1,2,3,4 zur Geschichte ab 1861, Bad Honnef 2000. (Enthält Nachdrucke älterer Literatur) - Gerecke, Friedhelm: Historismus, Jugendstil, Heimatstil in Hessen und im Rheinland. Die Bauten des Architekten und Denkmalpflegers Ludwig Hofmann (1862-1933) aus Herborn, Petersberg 2010 - Mahnke, Renate: Von der evangelischen Kapelle zur Synagoge, in: Heimat- und Geschichtsverein Herrschaft Löwenburg e.V. (Hg.): 150 Jahre Stadt Bad Honnef - zwischen Rheinstrom und Burgen, Niederhofen 2012, S. 102 f. - Rentrop, Ernst: Evangelische Bewegungen im Siebengebirge etwa von 1550 – 1670 und Geschichte der evangelischen Gemeinde Königswinter, Bonn 1903 - Schulze, Jörg: Kirchenbauten des 19. Jahrhunderts im alten Siegkreis. Landeskonservator Rheinland, Arbeitsheft 21, Köln 1977 - Schyma, Angelika: Stadt Königswinter. Denkmaltopographie Bundesrepublik Deutschland. Denkmäler im Rheinland Band 23.5, Köln 1992 - Walter, Martina: Die Kirche und das Kaiserpaar. Die evangelische Kirche in Bad Honnef, in: Heimat- und Geschichtsverein Herrschaft Löwenburg e.V. (Hg.): 150 Jahre Stadt Bad Honnef - zwischen Rheinstrom und Burgen, Niederhofen 2012, S. 104-107

Saenger, Emil: Lebenserinnerungen. Pfarrer in Königswinter von 1862 bis 1894, o.O., 1920. Maschinenschriftliche Abschrift (Ev. Kirchengemeinde Königswinter)

Christuskirche in Königswinter
Aufnahme 2015

Bettina Oesl

Im Kulturkampf

„Anhänglichkeit an den heiligen Vater"

Kapelle auf dem Petersberg
Axel Thünker, 2014

Kölner Erzbischof Clemens August Droste zu Vischering

Porträt mit Wappenkartusche, um 1845

Siebengebirgsmuseum/ Heimatverein Siebengebirge

Nach der Reichsgründung 1871 versuchte Bismarck, im neugeschaffenen Kaiserreich mit den verschiedensten Gesetzen die Trennung von Kirche und Staat sowie die Verdrängung des Religiösen aus der Öffentlichkeit durchzusetzen. Die mehrheitlich katholische Bevölkerung im Rheinland widersetzte sich dieser Politik mit den unterschiedlichsten Mitteln. So reagierten die Katholiken im Siebengebirge auf die Gesetze nicht mit offenem Widerstand, sondern eher mit einer subtilen Renitenz. Im Oktober 1873 wurden zum Beispiel Prozessionen zu einem Gottesdienst auf dem Petersberg am 19. Oktober verboten. Die Menschen strömten trotzdem auf den Petersberg, wo der geplante Gottesdienst stattfand, und wie die „Deutsche Reichszeitung" schrieb, war die Kapelle *Mann an Mann gedrängt* voll. Zur Überwachung hatte die Polizei einige Spitzel geschickt.

Schon nach der Inbesitznahme der Rheinprovinz durch Preußen gab es Probleme, die mehrheitlich römisch-katholische Bevölkerung in den protestantisch geprägten Staat zu integrieren. Obwohl Staat und katholische Kirche nach 1815 durchaus zu Konzessionen bereit waren, kam es immer wieder zu Konflikten. Einer dieser Konflikte war der sogenannte „Mischehenstreit". Entsprechend der preußischen Praxis war 1825 die Regelung eingeführt worden, Kinder aus Mischehen, also mit einem katholischen und einem evangelischen Elternteil, in der Konfession des Vaters zu erziehen. Im Gegensatz zu seinem Vorgänger Ferdinand August von Spiegel (1824-1835) war der 1835 zum Erzbischof von Köln gewählte Clemens August von Droste zu Vischering (1773-1845) nicht bereit, diese Vereinbarung anzuerkennen, sondern bestand auf der katholischen Erziehung der Kinder aus solchen Ehen. Der preußische Staat reagierte im November 1837 mit dem Verbot der Amtsausübung von Droste-Vischering und sogar mit seiner Inhaftierung auf der Festung Minden wegen angeblichen Hochverrats. Das sogenannte „Kölner Ereignis" führte zu einer breiten publizistischen Debatte. Droste-Vischering wurde zum Märtyrer stilisiert, obwohl ihm bei seinem Amtsantritt wegen seiner konservativen Ansichten keine großen Sympathien von Seiten der rheinischen Katholiken entgegengebracht wurden.

Erst mit der Thronbesteigung Friedrich Wilhelms IV. 1840 konnte der Konflikt vorerst beigelegt werden. Die konfessionellen Spannungen blieben weiterhin bestehen, und nach der Reichsgründung kam der Konflikt im sogenannten „Kulturkampf" erneut zum Ausbruch. Zwei Hauptursachen können dafür ausgemacht werden. Zum einen hatte Papst Pius IX. schon 1864 eine Liste von Irrtümern und Irrlehren veröffentlicht und versuchte auf dem Ersten Vatikanischen Konzil, mit der Unfehlbarkeitserklärung in „Religion und Sitten" seinen moralischen und konfessionellen Einfluss zu stärken. Zum anderen sah Bismarck seine Position im neugegründeten Kaiserreich durch die Katholiken und ihre neu gegründete Zentrumspartei in Frage gestellt. Offen brach der Streit aus, als die Kurie verlangte, Kirchenkritiker aus dem Schul- und Universitätsdienst zu entfernen. Mit einem drastischen Maßnahmenpaket versuchte Bismarck, den „katholischen Reichsfeinden" entgegenzuwirken. Als erstes löste er die katholische Abteilung im Kultusministerium auf. Sie war in den 1840er Jahren eingeführt worden, um für die Katholiken in Preußen eine Interessenvertretung zu schaffen.

Gesetze wie der „Kanzelparagraph", der Geistliche mit Haftstrafen belegte, wenn sie ihr Kirchenamt für politische Äußerungen missbrauchten, sowie das Verbot des Jesuitenordens verschärften den Konflikt. Die Trennung von Staat und Kirche sollte mit dem Entzug der Schulaufsicht durch die Kirchen, mit der in den 1873 beschlossenen „Maigesetzen" vorgeschriebenen staatlichen Abschlussprüfung für Geistliche und

Die Gefangennahme des Erzbischofs

B. Schönzler (tätig in Köln um 1870/80); Lithographie, 1874 (?)

Die Szene zeigt die Verhaftung des Erzbischofs von Köln, Paulus Melchers, am 31. Mai 1874.

Kölnisches Stadtmuseum

durch das Einspruchsrecht des Staates bei der Vergabe geistlicher Ämter vollzogen werden. Weitere Maßnahmen waren die 1874 zunächst in Preußen, ein Jahr später im ganzen Reich eingeführte Zivilehe und das „Kongregationsgesetz" von 1875, das alle geistlichen Orden und ordensähnlichen Gemeinschaften verbot, die nicht in der Krankenpflege tätig waren. Das „Brotkorbgesetz" verfügte, alle staatlichen finanziellen Zuwendungen an die katholische Kirche einzustellen.

Als Höhepunkt der Auseinandersetzungen zwischen katholischer Kirche und Bismarck kann der Abbruch der diplomatischen Beziehungen zum Vatikan angesehen werden. Die massivsten Auswirkungen für die katholische Bevölkerung lagen in der Nichtbesetzung von Pfarrstellen. Außerdem kam es zu Inhaftierungen, Amtsenthebungen und Ausweisung von Geistlichen. So waren zum Beispiel gegen den Kölner Erzbischof Paulus Melchers (1813-1895) wegen Verstößen gegen die Kulturkampfgesetzgebung mehrfach Geldstrafen verhängt worden, deren Zahlung der Erzbischof im Sinne eines passiven Widerstandes ablehnte. Nach zwei Pfändungen folgte am 31. Mai 1874 die spektakuläre Verhaftung Melchers', der etwas mehr als ein halbes Jahr im Kölner Gefängnis „Klingelpütz" einsitzen musste. Einer zweiten drohenden Verhaftung entzog er sich durch Flucht und leitete sein Bistum von einem Kloster im niederländischen Maastricht aus.

Ebenfalls in die Nähe von Maastricht hatten die Franziskanerinnen des Klosters auf Nonnenwerth von 1879 bis 1889 ihre Schule verlegt; sie traf das oben erwähnte Kongregationsgesetz. Vorsorglich hatte der Orden dort ein Anwesen, genannt „Grande Suisse", erworben, und mehrere Lehrschwestern unterzogen sich einem holländischen Examen, um ihre Lehrtätigkeit fortsetzen zu können. Währenddessen sammelten die Schwestern Tausende von Unterschriften und wandten sich an Kaiserin Augusta, um das Verbot zu verhindern. Der daraus hervorgehende „Kompromiss" war: Die Schule kann bestehen bleiben, wenn die Schwestern ihr Ordenskleid ablegen und die Schule durch Laienkräfte geführt wird. Das lehnte Mutter Camilla ab. Damit war Nonnenwerth die letzte katholische Schule in Preußen, die der Ausweisungsbefehl traf. Vier Jahre nach dem Gesetzeserlass mussten die Schulschwestern schließlich Nonnenwerth verlassen, viele der Schülerinnen sind ihnen übrigens nach Holland gefolgt.

Die Auswirkungen der Kulturkampfgesetzgebung spürte die katholische Bevölkerung besonders vor Ort in den Pfarreien. In Königswinter war die Pfarrstelle nach dem Tod von Pfarrer Rütger Maria Joseph Clasen am 20. Februar 1874 bis zum Jahr 1892 nicht besetzt, ihn vertrat der erste Kaplan Anton Rey, der 1892 endlich die Pfarrstelle übernehmen konnte.

Ähnlich erging es der Gemeinde in Oberkassel, wo nach dem Tod des Pfarrers Johann Wilhelm Breuer im Jahr 1874 in der Gemeinde zwei Kaplane übergangsweise die Seelsorge übernahmen. Erst 1887 wurde dann einer der Kaplane, Johann Frank, wie-

IM KULTURKAMPF

Pfarrkirche St. Remigius, Königswinter

August Karstein; Lithographie, um 1860

Siebengebirgsmuseum/ Heimatverein Siebengebirge

der zum Pfarrer ernannt. In Honnef blieb die Pfarrstelle nach dem Tod von Pfarrer Johann Heinrich Emans von 1880 bis 1887 unbesetzt. Auch in Oberpleis wurde die Gemeinde 1881 bis 1888 nur von einem Kaplan betreut.

Eine Möglichkeit der katholischen Bevölkerung, ihre Verbundenheit mit der Kirche zu demonstrieren, boten die sogenannten „Piusfeiern". Auch die Katholiken in Königswinter feierten den Jahrestag der Inthronisation von Pius IX. Die „Deutsche Reichszeitung" schrieb am 17. Juni 1872 von *einem schönen Beweis seiner Anhänglichkeit an den h. Vater [...] Das Städtchen prangte denn auch im herrlichen Fahnenschmuck [...] auf dem Drachenfelse brannten Freudenfeuer.*

Typisch für diese Zeit waren die regional stattfindenden Katholiken-Versammlungen. Am 8. Juli 1872 hatte sich der Verein der deutschen Katholiken konstituiert und seine erste Wanderversammlung am 6. Oktober 1872 in Köln abgehalten. Rund 6.000 Teilnehmer besuchten die Veranstaltung im Gürzenich, bei der eine Resolution verabschiedet wurde, in der die Anschuldigung zurückgewiesen wurde, die katholische Bevölkerung sei *gleichgültig gegen die Interessen des Vaterlandes und feindselig gegen das Reich.*

Parallel zum Kampf gegen die römisch-katholische Kirche unterstützte der preußische Staat die Altkatholische Kirche. Ihre Mitglieder lehnten die Beschlüsse des Ersten Vatikanischen Konzils ab. Einige der deutschen Bischöfe und der Bonner Theologieprofessoren, die das Dogma der Unfehlbarkeit und den päpstlichen Jurisdiktionsprimat nicht mittragen wollten, hatten das Konzil vor der Abstimmung verlassen. Auch viele katholische Gläubige lehnten die Konzilsbeschlüsse ab. So formte sich eine Widerstandsbewegung, die sich in der sogenannten „Königswinterer Erklärung" vom 14. August 1870 manifestierte. Diese Erklärung, in der *die Dekrete über die absolute Gewalt des Papstes und dessen persönliche Unfehlbarkeit als Entscheidung eines ökumenischen Konzils* nicht anerkannt wurden, erschien in der „Kölnischen Zeitung" vom 9. September 1870 mit 456 Unterschriften, in späteren Nummern kamen noch weitere 903 Unterschriften hinzu. Nicht jeder, der diese Erklärung unterschrieb, schloss sich in der Folge der Altkatholischen Kirche an, nur eine Minderheit riskierte die Folgen der Exkommunikation durch die römisch-katholische Kirche.

Auch im Siebengebirge schlossen sich nur wenige Gläubige der Ende 1874 errichteten altkatholischen Parochie zu Bonn an. Mitglied war, wer seinen Willen, dieser Gemeinde anzugehören, vor einem Beamten zu Protokoll gegeben oder sich beim Kirchenvorstand angemeldet hatte. Aus Königswinter finden sich auf einer Liste von 1879 die Namen ua. von zwei Mitgliedern der Steinhauerfamilie Spindler. Für den Königswinterer Notar Mosler kam die Gründung der altkatholischen Kirchengemeinde zu spät. Er war bereits am 11. Januar 1872 gestorben, und es fand sich zunächst kein Pfarrer bereit, seine Beerdigung durchzuführen. Erst zehn Tage nach seinem Tod konnte die Beisetzung durch den Bonner Theologieprofessor Franz Peter Knoodt (1811-1889) durchgeführt werden. Seine Witwe erscheint noch 1887 auf einer Liste der Königswinterer Altkatholiken, die aus sechs Personen bestand.

Mit dem Pontifikatswechsel von Pius IX. zu Leo XIII. im Jahr 1878 begann Bismarck, das Ende des Kulturkampfes einzuleiten. Aber erst der Kompromiss der sogenannten „Friedensgesetze" der Jahre 1886/87 schuf die gesetzliche Grundlage für das neue Verhältnis von Staat und Kirche.

Literatur und Quellen

Dumont, Karl Theodor (Hg.): Geschichte der Pfarreien der Erzdiöcese Köln, Bd. 28, Dekanat Königswinter, Köln 1890 – Schlösser, Leopold: Beiträge zur Geschichte der Pfarrei Königswinter, Königswinter 1932/33

Stadtarchiv Bonn PR 40/469 – Deutsche Reichszeitung: 17.1.1872, 19.1.1872, 17.6.1872, 7.10.1872, 21.10.1873 – Kölnische Zeitung: 9.9.1870

Innenraum der Kapelle auf dem Petersberg

Axel Thünker, 2014

Der kleine Altartisch im Vordergrund war bis ins 20. Jahrhundert mit einem rollbaren Unterbau ausgestattet und diente bei großen Veranstaltungen im Außenbereich als Kanzel.

Christiane Lamberty und Elmar Scheuren

Königswinterer Casino-Gesellschaften

„Gesellige Vereinigung und wissenschaftliche Unterhaltung"

Siebengebirgsmuseum, Eingang Klotzstraße
Axel Thünker, 2014

Gesellige Vereinigung und wissenschaftliche Unterhaltung

Lesegesellschaft

Johann Peter Hasenclever (1810-1853); Öl auf Leinwand, 1843

Als sich in den ausgehenden dreißiger Jahren des 19. Jahrhunderts das Bürgertum zunehmend mit politischen Fragen beschäftigte, gewannen Zeitungen an Bedeutung, entstanden Lesekabinette und Lesevereine. Hasenclever beobachtete den Zeitgeist mit kritischer Anteilnahme, zeigte mit humorvollem Hintersinn, wie man sich in der „Lesegesellschaft", wenn auch nur passiv, als Teilnehmer am Weltgeschehen fühlte.

Stiftung Sammlung Volmer, Wuppertal

Im Juli 1867 beginnt für das Königswinterer Bürgertum eine neue Ära: Ein erlesener Kreis „wichtiger" Männer gründet eine „Casino-Gesellschaft". Schon einen Monat später fällt die Entscheidung für ein Vereinslokal zugunsten des „Mäurerschen Hauses" in der Klotzstraße, einem der bedeutenden historischen Gebäude in der Königswinterer Altstadt.

Casino-Gesellschaften sind im 19. Jahrhundert eine typische Organisationsform städtischer bürgerlicher Oberschichten. Sie dienten der Kommunikation und gewannen umso größere Bedeutung, als den Vertretern dieser Eliten im traditionellen Ständestaat die Mitwirkung an vielen öffentlichen Entscheidungen verwehrt blieb – ein Umstand, der im preußischen Machtbereich und unter der dort praktizierten Restauration in besonderem Maße zutraf.

In Königswinter nennt das älteste Verzeichnis 24 „ordentliche Mitglieder", deren berufliche Zuordnung wie ein Abbild der städtischen Elite erscheint: Apotheker, Arzt, Rektor, Steuerinspektor, Gutsbesitzer, Steinbruchunternehmer, katholischer Pastor und evangelischer Pfarrer.

Zweck des Casinos war – so formuliert in den Statuten des Jahres 1887 – *die gesellige Vereinigung und wissenschaftliche Unterhaltung ihrer Mitglieder*. Zu diesem Zweck verfügte das Haus zwischen Klotzstraße und Kellerstraße über einen Billardraum, Lesesaal, Raucherzimmer und Weinkeller. In den ersten Jahren wurde im Garten des Hauses – zur Kellerstraße hin gelegen – eine Kegelbahn angelegt, später folgte ein Saalanbau an der Klotzstraße. Für den Betrieb des Vereinshauses sorgte ein „Oeconom", der dort auch Wohnrecht hatte. Weitere Vereinsaktivitäten lagen in der Obhut von „Commissionen" wie der „Litterarischen Commission", die sich um den Ankauf von Zeitungen und Zeitschriften kümmerte, oder der „Wein-Commission" für die Beschaffung entsprechender Vorräte. Ein „Vergnügungs-Commissar" wurde mit der Organisation von Festen beauftragt. In der praktischen Vereinsarbeit gewann die Beschaffung der Weinvorräte zunehmend an Bedeutung und stellte die mit Abstand wichtigste Etat-Position dar. Dieser Umstand kann sicher als Hinweis auf die zentrale Bedeutung der geselligen Unterhaltung gewertet werden. 1870 wurde angesichts steigender Weinpreise eigens eine Aktiengesellschaft gegründet, die preisgünstiger Weine beschaffen konnte.

Einmalige Zahlungen von „Eintrittsgeldern" bei Neuaufnahmen und die Jahresbeiträge sicherten dem Verein offenbar eine großzügige finanzielle Ausstattung, die es sogar erlaubte, das Gebäude des Vereinslokals im Jahr 1876 zu erwerben. Der barocke Bau aus dem Jahr 1732 blickte zu dieser Zeit bereits auf eine lange Geschichte als Privathaus der Steinhauerfamilie Mäurer und als Gasthaus zurück. Die Nutzung als Casino wird rund 70 Jahre währen; danach erwirbt 1934 die

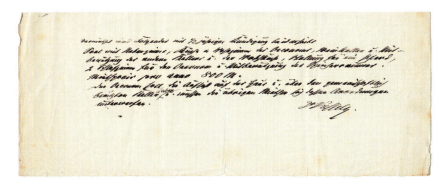

Mietvertrag mit der Casino-Gesellschaft Königswinter, 19.10. 1888

Gegenstand des Vertrages ist das Gebäude des heutigen Siebengebirgsmuseums in der Klotzstraße (jetziger Zugang über die Kellerstraße).

Siebengebirgsmuseum/ Heimatverein Siebengebirge

Quittung über Mitgliedsbeitrag für Gustav Biesenbach, Königswinter, 1.10.1893

Siebengebirgsmuseum/ Heimatverein Siebengebirge

Gesellige Vereinigung und wissenschaftliche Unterhaltung

Haus der Casino-Gesellschaft
Foto um 1934
Nach Auflösung der Gesellschaft erwarb die „Arbeitsgemeinschaft zur Pflege der Heimat" (späterer „Heimatverein Siebengebirge") 1934 das Gebäude und richtete hier ihr Heimatmuseum ein (heute: Siebengebirgsmuseum).

*Siebengebirgsmuseum/
Heimatverein Siebengebirge*

„Arbeitsgemeinschaft zur Pflege der Heimat" das Anwesen zur Unterbringung ihrer heimatgeschichtlichen Sammlung, die schließlich den Grundstock für das – seit 1984 in städtischer Trägerschaft betriebene – heutige Siebengebirgsmuseum liefern wird.

Direkte politische Aktivitäten sind aus dem Vereinsleben nicht bekannt. Dennoch kam es nach 1870 zu einer Abspaltung und Gründung einer konkurrierenden Gesellschaft. Dies geschah vor dem Hintergrund konfessioneller Spannungen in der Folge von kirchlichen Protesten gegen das im Juli 1870 im Rahmen des Ersten Vatikanischen Konzils in Rom verkündete Unfehlbarkeitsdogma des Papstes. Eine der im Rheinland frühesten Protestäußerungen gegen dieses Dogma war die Versammlung von überwiegend Bonner Theologen im Königswinterer Hotel „Düsseldorfer Hof" am 14. August 1870.

Eine hier verabschiedete Protestresolution („Königswinterer Erklärung") wurde in der Folge von mehr als 1.000 Katholiken unterzeichnet und gilt als Geburtsstunde der deutschen altkatholischen Kirche.

Unter dem Eindruck dieser Ereignisse gründete sich im Februar 1875 in Königswinter eine zweite Casinogesellschaft: das „Bürger-Casino". Auch wenn das „Echo des Siebengebirges" urteilt: Der *Zweck der Gesellschaft liegt noch im Dunkel. Jedenfalls ist er harmloser Natur*, so spielen politische Ansichten auch bei geselligen Veranstaltungen eine immer stärkere Rolle. Die neue Gesellschaft bezog als Vereinslokal ein traditionsreiches Gebäude in der Hauptstraße, das „Hotel Drachenfels". Es wechselten offenbar auch einige Mitglieder der vorhergehenden Gesellschaft in diese neue Vereinigung, wodurch eine spürbare Rivalität zwischen dem neuen konservativen („schwarzen") Bürger-Casino und dem älteren liberalen („blauen") Casino entstand. Diese grundlegenden politischen Differenzen fanden ihren Niederschlag im kommunalpolitischen Alltag darin, dass die jeweiligen Mitglieder auch in der Stadtverordnetenversammlung unterschiedlichen Fraktionen angehörten. Eine Zeitungsnotiz vom 1. Mai 1875 zeugt davon, mit welcher Leidenschaft derartige Rivalitäten gelegentlich ausgetragen wurden. Der Konditor Honrath, Mitglied der alten Casino-Gesellschaft in der Klotzstraße, verwahrt sich darin gegen die Unterstellung, er habe dem *Bürger-Casino den Beinamen ‚zum versoffenen Rosenkranz'* beigelegt. Ob wahr oder falsch – in dieser Spottbezeichnung zeigt sich die für die Öffentlichkeit

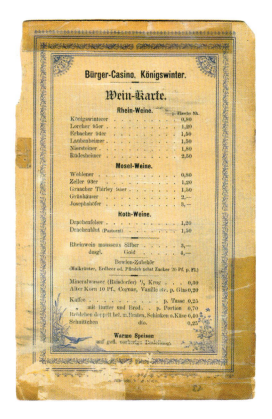

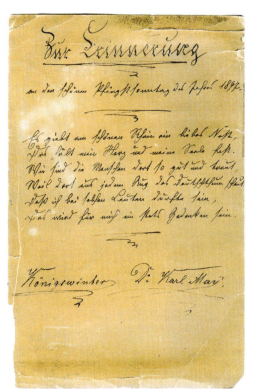

Widmungsgedicht von Karl May

Königswinter, 1897

Bei seinem Besuch in Königswinter verewigte sich der berühmte „Reiseschriftsteller" mit einem Gedicht auf der Rückseite einer Speisekarte des „Bürger-Casinos".

Siebengebirgsmuseum/ Heimatverein Siebengebirge

offenbar wichtige Wahrnehmung des hohen Stellenwerts, der dem geselligen Beisammensein auch in diesem Casinoverein beigemessen wurde.

Das Bürger-Casino wechselte 1895 sein Vereinslokal und erwarb ein Gebäude an der Rheinallee, das „Hotel Rheineck". Ein prominenter Besucher im Jahr 1897 belegt die Bedeutung auch dieses Lokals für das gesellschaftliche Leben des Ortes: Eine Berühmtheit dieser Zeit, der Schriftsteller Karl May, verbrachte die Pfingsttage in Königswinter. Er logierte im „Hotel Monopol" (später „Loreley"), absolvierte aber auch einen öffentli-

Das Bürger-Casino im Volksmund

„Echo des Siebengebirges", Ausgabe v. 1.5.1875

In dieser Anzeige wehrt sich Casino-Mitglied Honrath gegen das Gerücht seiner Urheberschaft für die Spottbezeichnung des Bürger-Casinos.

Siebengebirgsmuseum/ Heimatverein Siebengebirge

Gesellige Vereinigung und wissenschaftliche Unterhaltung

Klotzstrasse 11

Axel Thünker, 2015

Diese Straßenfront des heutigen Museumsgebäudes war zu Zeiten des Casinos die Eingangsseite des Hauses.

Zur Erinnerung
an den schönen Pfingstsonntag des Jahres 1897
Es giebt am schönen Rhein ein liebes Nest,
Das hält mein Herz und meine Seele fest.
Wie sind die Menschen dort so gut und traut,
Weil dort aus jedem Aug das Deutschthum schaut.
Daß ich bei solchen Leuten durfte sein,
Das wird für mich ein stets Gedenken sein.
Königswinter – Dr. Karl May

Aktivitäten sind für das Bürger-Casino noch bis 1907, für die Casino-Gesellschaft bis 1924 nachzuweisen. Danach verschwinden sie aus dem öffentlichen Königswinterer Leben. Konkrete Gründe für diese Auflösungserscheinungen lassen sich zwar nicht benennen; seit den 1890er Jahren wird jedoch auch in Königswinter eine zunehmende Vielfalt an Vereinen sichtbar. Ob Geflügelzüchter, Sänger, Radfahrer oder Postbeamter – jeder konnte seinen Spezialinteressen in einem Verein nachgehen. Die Mitgliedschaft in vier oder fünf Vereinen war nicht ungewöhnlich; der Anspruch der Casino-Gesellschaften auf umfassende gesellige wissenschaftliche Unterhaltung verlor dagegen offenbar an Attraktivität.

chen Auftritt im benachbarten Bürger-Casino. Von diesem Besuch *des Weltreisenden und beliebten Schriftstellers Herrn Dr. Karl May* berichtete die örtliche Zeitung: *Das Wort: Karl May ist da, fuhr im nähern Bekanntenkreise wie der Blitz herum und sehr schnell war der bescheidene Gesellschaftssaal mit Damen und Herren angefüllt, die darauf brannten, die Bekanntschaft des Mannes zu machen, der ihnen durch seine so fesselnd geschriebenen Reiseerlebnisse schon längst ungewöhnliches Interesse eingeflößt hatte. Der so Geehrte versäumte es auch nicht, sich angemessen zu bedanken – mit einem patriotischen Gedicht auf der Rückseite einer Casino-Speisekarte:*

Literatur und Quellen

Hardenberg, Theo und Winfried Biesing: „In der Welt" zu Königswinter und drumherum. Ein Stück geschichtlicher Ortskunde, Königswinter 1985 – Hardenberg, Theo: Ein Haus hat Jubiläum. Haus Hauptstraße 91 (Melsheimer) 250 Jahre alt, in: Echo des Siebengebirges, Heft 48-50, 3.-16.12.1967

Echo des Siebengebirges, Jge. 1875 ff. – Protokollbücher der Casino-Gesellschaft Königswinter, 1867 ff. Siebengebirgsmuseum (Inv.Nr. R 124)

KÖNIGSWINTERER CASINO-GESELLSCHAFTEN

Haus des Bürger-Casinos

Aufnahmen 2009

Das Gebäude in der Königswinterer Hauptstraße stammt in seinen ältesten Teilen aus dem Jahr 1717. Als Gasthaus und Versammlungsort war es bis weit ins 19. Jahrhundert ein gesellschaftlicher Mittelpunkt der Stadt.

Elmar Scheuren

Turnen als Dienst am Vaterland

„Zur Hebung eines gesunden, kräftigen Mannesstammes"

Turnhalle am „Palastweiher", Königswinter
Axel Thünker, 2015

**Turnhalle am „Palastweiher"
mit angrenzendem
„Volkswohl"-Gebäude**
Axel Thünker, 2015

Am 26. Januar 1909 trifft ein Telegramm des Kaisers in Königswinter ein: *Seine Majestät der Kaiser und König lassen der dortigen Bürgerschaft für den Ausdruck treuer Anhänglichkeit gelegentlich der Einweihung der Wilhelm Auguste Victoria Turnhalle herzlich danken [...].* Die kaiserliche Anerkennung gilt einer neuen Sporthalle, die – als private Stiftung eines rheinischen Mäzens – deutliche Züge preußischer Idealvorstellungen aufweist.

Zu diesem Zeitpunkt hat die Entwicklung neuartiger Bewegungs- und Organisationsformen schon eine rund 100-jährige Tradition. Die Bewegung des „Turnvaters" Friedrich Ludwig Jahn (1778-1852) hatte 1811 mit der Anlage eines Turnplatzes auf der Berliner Hasenheide einen ersten, öffentlich viel beachteten Höhepunkt gefunden. Sie war eng verwoben mit politisch-nationalstaatlichen und gesellschaftlich-emanzipatorischen Zielsetzungen und gewann damit, vor allem aber durch ihren engagierten Beitrag zum Kampf gegen die napoleonische Herrschaft große Anerkennung und Popularität.

Schon wenige Jahre später setzt ein Königswinterer Lehrer diese Ideen im Schulalltag um und erregt Aufmerksamkeit mit seiner pädagogischen Arbeit. Aloys Odenthal (1778-1821) war seit 1801 in Königswinter tätig und galt als Freigeist, der den aufklärerischen Ideen der französischen Revolution nahestand. Bald nach dem Ende der französischen Verwaltung richtete er nahe der Schule einen Turnplatz mit entsprechenden Geräten ein. Ganz im Geist der Jahnschen Bewegung wurden die Schüler zu körperlicher Ertüchtigung angehalten, und auch die Nähe zu freiheitlichen Ansprüchen zeigt sich in der Teilnahme an patriotischen Demonstrationen der Bonner Turner. Nach dem Übergang des Rheinlandes an Preußen finden diese Unterrichtsformen zunächst weiterhin breite Anerkennung; Odenthal erweitert sie sogar um militärische Übungen, die bis hin zum Einsatz kleiner Kanonen als Böllergeschütze reichen. Viele Besucher Königswinters – darunter der Kronprinz Friedrich Wilhelm auf seiner ersten Rheinreise im Juli 1815 – erlebten solche Darbietungen und zeigten sich tief beeindruckt.

Turnfest vor der Ruine Heisterbach am 2. September 1849
Georg Osterwald (1803-1884); Zeichnung 1849
Siebengebirgsmuseum/Heimatverein Siebengebirge

„Radfahrverein Drachenfels 1897"

Handzettel zu den Stiftungsfesten 1897 und 1899

Siebengebirgsmuseum/ Heimatverein Siebengebirge

Ebenso wie die deutsche Turnbewegung im Ganzen gerieten auch die regionalen Manifestationen bald in Konflikt mit den restaurativen Maßnahmen der preußischen Autoritäten. Feste der Bonner Turner im Siebengebirge wurden verboten, weil sie zu offensiv als Foren für freiheitliche Forderungen genutzt wurden. Der König Friedrich Wilhelm III. verhängte im Januar 1820 eine Turnsperre, die erst 1842 durch seinen Nachfolger Friedrich Wilhelm IV. wieder aufgehoben wurde. Offenbar im Fahrwasser dieser „Demagogenverfolgung" musste auch der Lehrer Odenthal seine besonderen erzieherischen Methoden einstellen: Die Königswinterer Turngeräte wurden abgebaut und die paramilitärischen Übungen eingestellt. Ihr Initiator wird bald darauf im September 1821 den Freitod wählen. Es wird auch im Siebengebirge bis zum Vormärz der 1840er Jahre dauern, bis das Turnen als Ausdruck der national-freiheitlichen Bewegung wieder aufgenommen wird.

Nach 1842 gewinnt die Landschaft am „Deutschen Rhein" an politischer Bedeutung; dazu trägt die Bewegung der Turner mit ihren Turnfahrten und -wanderungen zu „patriotischen" Orten maßgeblich bei. Ein typisches Beispiel liefert das Fest der mittelrheinischen Turnervereine, das am 2. September 1849 in Heisterbach stattfindet und die Kulisse der Chorruine für eine optische Aufwertung des Ereignisses nutzt. Besonderer Beliebtheit als Kulisse erfreut sich auch der Drachenfels, der vielen Versammlungen und Feiern zu patriotischen Weihen verhilft. Diese Tradition wird langen Bestand haben, wie ein Ausflug des „Cölner Turnvereins" am 11. August 1873 belegt: Der 100. Geburtstag von Friedrich Ludwig Jahn wird mit einer *Festfahrt in's Siebengebirge* begangen, wo *der Aufenthalt auf der herrlichen Bergspitze* [des Drachenfels] *wohl als der Glanzpunkt der Feier betrachtet werden* kann.

Der latente Konflikt der Turnerbewegung mit preußischen autoritären Strukturen hatte inzwischen staatliche Maßnahmen initiiert. Anstelle der bis in die 1840er Jahre praktizierten Repressionen und Verbote wurden nunmehr alternative sportliche Organisationsformen entwickelt. Streng diszipliniertes Turnen trat mehr und mehr neben die im Jahnschen Sinne propagierten Freiluftübungen. Anleitungen zu solcher Turnpraxis lieferte etwa der Pädagoge Adolf Spieß (1810-1858), der das Turnen als Schulfach forderte und eine Methodik entwickelte, bei der Gehorsam und Pflichterfüllung an oberster Stelle standen.

Dieses neue Verständnis von turnerischer Betätigung wurde erst recht nach dem Scheitern der Revolution des Jahres 1848 durchgesetzt und spiegelte sich in einem Wandel der Sportstätten: von offenen Plätzen hin zu geschlossenen Räumen, die eine stärkere Disziplinierung und Unterordnung förderten. Bonner Turner nutzten in den Anfängen um 1815 einen Freiluft-Turnplatz im Hofgarten, 1848/49 immer noch einen ebensolchen in Endenich. Im Gründungsjahr 1860 des ersten Bonner Turnvereins nutzte dieser zunächst noch einen offenen Turnplatz bei einem Gasthaus („Braun") nahe dem Hofgarten. Bereits ab 1861 fand das Vereinsturnen aber überwiegend in

TURNEN ALS DIENST AM VATERLAND

**Andenken an das
4. Allgemeine deutsche Turnfest,
Bonn 1872**

Caspar Scheuren (1810-1872),
Farblithographie

Die mit gesenktem Schwert posierende Germania erscheint wie eine Schutzpatronin vor dem Rheinabschnitt zwischen Rolandsbogen und Drachenfels. Hier versammeln sich die Turner, um in einer Bootprozession stromabwärts nach Bonn zu fahren. Dazu der Appell an alle: „Seid einig, einig, einig!" unter dem Bild des preußischen Adlers.

Archiv und Wissenschaftliche Bibliothek der Stadt Bonn

wechselnden Sälen verschiedener Gasthäuser, ab 1880 in eigens dafür geschaffenen Hallen statt.

Etwas später als in den Städten entstanden Turnvereine auch in Kleinstädten und ländlichen Regionen, deren Aktivitäten an geeignete Räumlichkeiten – meist Gasthaussäle – gebunden waren – so 1885 der erste Turnverein in Königswinter. Im Raum von Bad Honnef entstand der erste „Selhofer Turnverein" in den 1890er Jahren, 1898 der „Turnverein Germania". Die Bindung der Vereinsaktivitäten an feste Räume galt auch für solche Sparten, die über das reine Turnen hinausgingen – so etwa in Königswinter für

Fahnen-Zier des „Radfahrverein Drachenfels 1897"

Requisiten für öffentliche Auftritte spielen im Vereinsleben eine wichtige Rolle. Hier lenkt ein (preußischer?) Adler die Geschicke eines Fahrrads.

Siebengebirgsmuseum/Heimatverein Siebengebirge

Fahne des Turnvereins Königswinter, 1910

Siebengebirgsmuseum/ Heimatverein Siebengebirge

den 1903 gegründeten „Turn- und Stemm-Klub Drachenfels" mit seinem Vereinslokal „Hotel Rheingold" oder den „Radfahrverein Drachenfels 1897", der für seine Übungen und Vorführungen des Kunst-Radfahrens den Saal des Hotels „Westfalenhof" nutzte. Die Fertigstellung der Königswinterer Halle wurde als enorme Verbesserung empfunden, die der „Sieg-Rheinische Turngau" der „Deutschen Turnerschaft" im April 1907 begeistert begrüßt als *den Beginn einer besseren Zeit, denn bisher musste sich und muss sich der Turnverein in durchaus ungeeigneten Wirtschaftssälen Gelegenheit zur Ausübung seiner turnerischen Uebungen suchen.*

Schon in den methodischen Überlegungen von Jahn und später auch von Adolf Spieß spielte der Gedanke an einen Beitrag zur „Wehrhaftigkeit" eine wesentliche Rolle; er gewann schließlich im preußischen Kaiserreich nach 1871 zunehmend an Bedeutung. In seiner Rede zum 25-jährigen Stiftungsfest im Mai 1910 stellt der Vorsitzende des Königswinterer Turnvereins diese Zweckbestimmung des Turnens eindrücklich fest: Da sei *kein Sport, welcher der Gesundheit so zuträglich und zur Hebung eines gesunden, kräftigen Mannesstammes beitrage, wie eben die Turnerei.* In der gleichen Rede fährt er in Bezug auf die Weihe einer neuen Fahne fort: *Wie dem Soldaten die Fahne heilig ist, so soll auch euch dieselbe immer als Leuchte vorangehen.* Im Oktober desselben Jahres feiert der Verein in seinem Vereinslokal einen „Fest-Ball mit turnerischen Vorführungen", ergänzt um eine „Rekruten-Abschiedsfeier". Im selben Monat kann in der Presse eine Erfolgsbilanz des deutschen Turnens bejubelt werden, die explizit den militärischen Nutzen betont: *Fast 33000 Turner sind in diesem Herbst aus den Turnvereinen der Deutschen Turnerschaft zum Heere eingetreten. Schon jetzt drücken sich die verschiedenen militärischen Vorgesetzten lobend und anerkennend über die gute Vorbildung, die den Rekruten in den Turnvereinen zuteil geworden ist, aus.*

Für die Schenkung der Königswinterer Turnhalle dankt der Verein bei seinem Stiftungsfest dem *Wohltäter [...] seinem Ehrenmitgliede Herrn Mülhens [...], welcher in hochherziger Weise dem Vereine die neuerbaute Turnhalle zur Verfügung gestellt habe. Eine schönere Turnhalle sei wohl nirgends zu finden.* Ferdinand Mülhens (1844-1928), Kölner Duftwasser-Fabrikant der Marke „4711", hatte bereits seit den 1880er Jahren das Hofgut „Wintermühlenhof" nahe Königswinter als Lebensmittelpunkt gewählt (zu F. Mülhens s. Beitrag „Königswinterer Casino-Gesellschaften"). Als Mäzen und Gönner stiftete er die Turnhalle am Rande der Königswinterer Altstadt auf einem Grundstück mit der Bezeichnung „Palastweiher".

Nach der 1909 fertiggestellten Halle wurde die Stiftung um ein weiteres, unmittelbar angrenzendes „Volkswohl"-Gebäude erweitert. Seine politische Einstellung und Kaisertreue brachte Mülhens mit der Widmung an das Kaiserpaar und entsprechender Namensgebung als „Wilhelm-Auguste-Victoria-Haus" deutlich zum Ausdruck.

Der massive Hallenbau in Jugendstilformen zeigt funktional die für preußisches Turnen typischen Ausstattungsdetails. Äußerlich sichtbares Zeichen sind die großen Fenster, die den Innenraum „hell und licht" erscheinen lassen, zugleich aber „wildere" Sportarten – vor allem Ballspiele – ausschließen. Den Geist preußischen Turnens bringt ein Festgruß zum Stiftungsfest der Königswinterer Turner im Jahr 1910 zum Ausdruck:

*[...]
Wir wollen treu auch sorgen für die Jugend,
Zu stärken sie für Gott und Vaterland,
Zu üben sie in Körperkraft und Tugend!
Dann wird umschlingen sie ein stetes Band,
Ein Band, das sie auch in den schwersten Zeiten
Läßt halten hoch den Schild der Turnerei,
Wenn's not tut, auch für Haus und Hof zu streiten
Getreu dem Wahlspruch: „Frisch, fromm, froh und frei!"*

Literatur und Quellen

Andersen, Hans J.: Sport ist Spitze! Ein Überblick über die Geschichte des Turnunterrichts in deutschen Schulen, Bergisch Gladbach 1995 – Haag, August: Bad Honnef am Rhein, Bad Honnef 1962 – Siebengebirgsmuseum der Stadt Königswinter (Hg.): Kampf um den Rhein – Das Ende Napoleons und der ‚Landsturm' vom Siebengebirge, Bonn 2014 – Wildt, Kl.C.: Leibesübungen an der Universität Bonn im 19. Jahrhundert, in: Bonner Turnverein 1860 e.V.: Festschrift zum 100jährigen Bestehen, Bonn 1960, S. 21-29

Echo des Siebengebirges, Zeitung für Königswinter und Umgebung, versch. Jahrgänge (im Bestand Siebengebirgsmuseum/Bibliothek des Heimatvereins Siebengebirge e.V., Königswinter) – Bauakten der Stadtverwaltung Königswinter. Besonderer Dank gilt Herrn Prof. Dietrich Quanz, Bergisch Gladbach, für wertvolle Hinweise.

Elmar Scheuren

Volksbildung und Mäzenatentum

„Zum Volkswohl für Königswinter"

„Volkswohl"-Gebäude, Königswinter
Axel Thünker, 2015

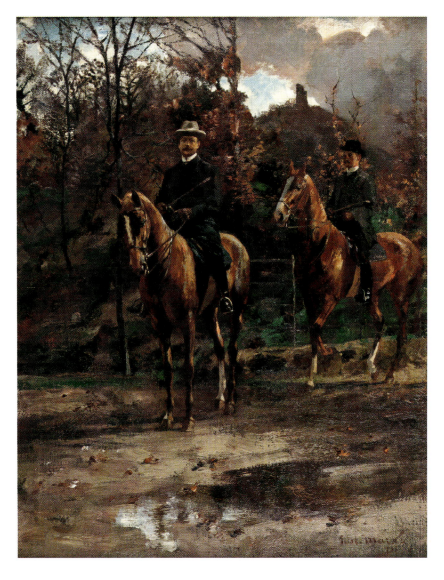

Ferdinand Mülhens zu Pferde
Gustav Marx (1855-1928); Öl auf Leinwand, 1905
Siebengebirgsmuseum/Heimatverein Siebengebirge

In den Jahren 1909-1912 kommen die Bürger von Königswinter in den Genuss einer großzügigen Schenkung: einen Gebäudekomplex am Rand der Innenstadt mit moderner Turnhalle und einem Bildungshaus. Die Namensgebung der neuen Einrichtung erweist – in den Stein der Fassade gemeißelt – dem preußischen Königshaus die Ehre: „Wilhelm-Auguste-Victoria-Haus".

Der generöse Sponsor ist Ferdinand Mülhens (1844-1928). Als Spross der Kölner 4711-Dynastie bewohnte Mülhens ab 1886 den Königswinterer „Wintermühlenhof", der sich bereits seit den 1840er Jahren im Besitz der Familie befindet. In seiner Regie wird die Hofanlage zu einem herrschaftlichen Sitz ausgebaut. Im städtischen Leben engagiert er sich vielfältig, unter anderem als Mitglied mehrerer Vereine – darunter der „Casino-Gesellschaft" – und der Stadtverordnetenversammlung, der er als Vertreter der „Ersten Klasse" angehört. Viele seiner Initiativen zielen auf Verbesserungen der touristischen Infrastruktur, um so die Region des Siebengebirges für Angehörige der „allerersten Gesellschaftsklasse" attraktiver zu gestalten. Diesem Zweck dient auch ein Projekt zur Errichtung eines Nobelhotels, das er zunächst – ab den 1890er Jahren – auf der Wolkenburg realisieren will. Trotz umfangreicher Arbeiten zur Vorbereitung der verkehrstechnischen Erschließung dieses Berges muss Mülhens sein Vorhaben aber wieder aufgeben: Nicht nur Naturschützer wenden sich gegen seine Pläne, sondern in Streitigkeiten um Eigentumsrechte unterliegt er einem örtlichen Steinbruchunternehmer. An einem anderen Ort konnte er

Ferdinand Mülhens

G. Pienoni (?), Öl auf Leinwand, 1926

Mülhens posiert auf der Terrasse seines Gutes Wintermühlenhof, umgeben von offenbar bedeutungsvollen Objekten: einer Flasche „4711", einer Büste Bismarcks und der örtlichen Zeitung „Echo des Siebengebirges".

Privatbesitz

sein Vorhaben schließlich aber doch verwirklichen: Er erwirbt 1911 die Kuppe des Petersberges mit einem dort bereits vorhandenen Hotelgebäude. In der Regie der Familie Mülhens wird dieses Haus in den folgenden Jahrzehnten zu einem der in Deutschland führenden Nobelhotels ausgebaut werden. Seine größte Bekanntheit wird es in den frühen Jahren der Bundesrepublik erreichen, als hier zahlreiche Staatsoberhäupter als Gäste der Bundesregierung in Bonn logieren.

Das Projekt in der Stadt Königswinter umfasst ein Bauensemble, an dessen Anfang eine im Jahr 1909 eröffnete Turnhalle steht. Sie wird in den folgenden Jahren um ein weiteres Gebäude als „Stiftung zum Volkswohl für Königswinter" ergänzt. Die wichtigsten Räume darin sind im Untergeschoss Funktionsräume für den Betrieb der *Turnhalle*, im Erdgeschoss *Bibliothek und Lese-Zimmer* sowie *Sitzungszimmer* und im Obergeschoss ein *Zeichensaal* und ein *Musik- und Uebungs-Saal* mit angrenzendem Raum für *Instrumente* und *Pulte*. Dieses Raumprogramm folgt offenbar einer Grundidee der Förderung von Körper und Geist oder auch der Parallelität von sportlicher Leistung mit intellektueller und musischer Bildung.

Die ersten Überlegungen zum Bau des Hauses reichen zurück in das Jahr 1906. In ei-

Intarsien im „Musikzimmer" des „Volkswohl"-Gebäudes
Axel Thünker, 2014

Widmungsinschrift am „Volkswohl"-Gebäude
Axel Thünker, 2014

nem Schreiben an den Kaplan der örtlichen Pfarrgemeinde St. Remigius beschreibt Mülhens seine Absicht: *Anläßlich und zur Erinnerung an das Fest der Silbernen Hochzeit unseres Kaiserpaares* [am Dienstag, 27.2.1906 – Anm. d. Verf.] *werde ich ein Gebäude errichten lassen, welches die Bestimmung haben soll, der Jugend der Stadt Königswinter Gelegenheit zu geben, ihre körperlichen Kräfte zu üben und auszubilden, und ferner auch die Musik, Zeichnen und sonstige Künste, die im Leben nützlich und angenehm sind zu pflegen. Auch will ich in dem Hause eine Bibliothek für gute Lectüre einrichten mit angemessenem Leseraum. Der Bau […] soll in der Hauptsache eine Turnhalle, einen großen Saal und einen kleineren Lesesaal enthalten. […] Von dem Wunsch beseelt, dass in dem Hause, dem ich den Namen „Wilhelm-Victoria-Bau" oder „Hohenzollern Jubiläums Haus" oder einfach „Jubiläums Haus" geben möchte, stets christlicher Sinn und gute Sitte zu Hause sein möchte, gestatte ich mir, verehrter Herr Caplan, hiermit die ergebene und herzliche Bitte an Sie zu richten, das Protectorat und die Leitung dieser Einrichtung zu übernehmen.*

In der Ausstattung des Gebäudes finden sich Details, die die Zweckbestimmungen der einzelnen Räume unterstreichen – so

Fassade des „Volkswohl"-Hauses
Axel Thünker, 2014

Volksbildung und Mäzenatentum

in der Bibliothek eine Holzvertäfelung mit integrierten Bücherregalen oder im Musiksaal Intarsien-Verzierungen mit stilisierten Darstellungen von Musikinstrumenten. Den erzieherischen Anspruch des Hauses verdeutlicht eine Veranstaltung im Oktober 1913: In einer Zeitungsannonce informiert der Bürgermeister darüber, dass *in dem Lesesaale des Auguste-Viktoria-Hauses [...] eine Ausstellung guter Jugendschriften* stattfindet. *Die Bücher dürfen von den Besuchern an Ort und Stelle angesehen und gelesen werden.*

Zu den späteren Nutzern zählte in den 1920er Jahren auch die „Arbeitsgemeinschaft zur Pflege der Heimat", die aus einem Festkomitee zur Durchführung einer „Jahrtausendfeier" im Jahr 1925 hervorgegangen war. 1927 begründete die Arbeitsgemeinschaft in den „Volkswohl"-Räumen eine heimatgeschichtliche Sammlung, die 1934 an den Standort des heutigen Siebengebirgsmuseums verlegt wurde. Als neuer Nutzer des Gebäudes trat in dieser Zeit die „Hitlerjugend" auf, bis hier 1939 eine Mittelschule für Knaben und Mädchen eingerichtet wurde. Während der Keller und das Untergeschoss im Zweiten Weltkrieg zu Luftschutzräumen umfunktioniert wurden, fand in den oberen Stockwerken ein Lazarett Unterkunft. In der Nachkriegszeit und

„Volkswohl"-Gebäude Königswinter
Axel Thünker, 2014

bis zum Umzug – 1971 – in ein neues Schulgebäude befand sich hier ein Mädchengymnasium, daran anschließend von 1975 bis 2002 die Erziehungsberatungsstelle des Rhein-Sieg-Kreises. Die Turnhalle wird bis heute betrieben, und das „Volkswohl"-Gebäude beherbergt seit 2005 – als Ergebnis einer Initiative der AG Kunst und Kultur der Lokalen Agenda 21 Königswinter – ein selbstverwaltetes Kunstforum mit Ateliers und Ausstellungsräumen.

Literatur und Quellen

Treue, Wilhelm: Ferdinand Mülhens (1844-1928), in: Rheinisch-Westfälische Wirtschaftsbiographien, Bd. 12, München 1986, S. 158-180

Echo des Siebengebirges, Jg. 1908-1913 – Bauverwaltung der Stadt Königswinter, Bauakte – Archiv der Pfarrei St. Remigius, Königswinter (Bestand Nr. 612) – http://www.palastweiher.de/index.php/das-haus/geschichte-des-hauses.html (Abruf 6.1.2015)

Eingangsportal des „Volkswohl"-Gebäudes
Axel Thünker, 2014

Elmar Scheuren

Denkmal- und Landschaftsschutz am Drachenfels

„Durch eine Allerhöchste Cabinets-Ordre anbefohlen"

Steinbruch am Drachenfels
Axel Thünker, 2008

Durch eine Allerhöchste Cabinets-Ordre anbefohlen

Aeußere Ansicht des Domes zu Köln.

Der unvollendete Kölner Dom
Ansicht von Süden
Stahlstich nach Sulpiz Boisserée, um 1842
Siebengebirgsmuseum/ Heimatverein Siebengebirge

Die touristische Bedeutung des Drachenfels stand noch ganz am Anfang, da drohte dem Berg Ungemach: Steinbruchunternehmer erwarben seinen Gipfel und begannen mit der Wiederaufnahme des Steinabbaus.

Es drohte die Abtragung der Bergkuppe – und damit der Verlust einer Silhouette aus Berg und Burgruine, die zu den markantesten und attraktivsten Punkten der Rheinlandschaft zählte. Die preußische staatliche Verwaltung stellte sich gegen diese Entwicklung – geriet damit aber in einen Interessenkonflikt mit bis dahin unbekannten Konstellationen.

Der Grund für das neue Engagement der Königswinterer Steinhauer war eine Kölner Baustelle: 1823 wird die Dombauhütte neu

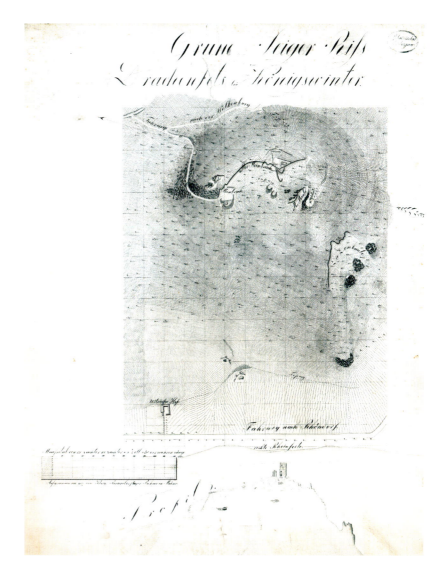

eröffnet. Umfangreich anstehende Reparaturarbeiten an den mittelalterlichen Bauteilen und die Aussicht auf einen Fertigbau der gewaltigen Kathedrale wecken in Königswinter Hoffnungen auf glänzende Geschäfte, denn der Wunsch nach Verwendung des originalen, am Dom im Mittelalter verarbeiteten Steinmaterials verspricht ein Monopol für die Versorgung der prestigeträchtigen Baustelle. Vor diesem Hintergrund ergreifen die Steinhauer die Gelegenheit beim Schopf: Sie gründen eine Interessengemeinschaft, nennen sie „Steinhauergewerkschaft" und erwerben die Eigentumsrechte an der Kuppe des Drachenfels. Dass dies möglich war, verdankten sie neuen besitzrechtlichen Verhältnissen in der Folge der französischen Zeit: Die Rechtsnachfolger der Burggrafen vom Drachenfels hatten ihre territorialpolitischen Ansprüche verloren und suchten wenigstens materielle Entschädigung in Form der Veräußerung verbleibender Eigentumsrechte.

Die so entstandene Situation war bedrohlich für den Drachenfels, denn, so brachte es der Vertreter der Steinhauer, Theodor

Lageplan der Steinbrüche am Drachenfels (Detail oben links)
D. Behner, Oberbergamt Bonn; Federzeichnung, 1828
Der Plan entstand im Zusammenhang mit den Auseinandersetzungen um die Wiederaufnahme des Steinabbaus. Er bezeichnet die genaue Lage der mittelalterlichen Domkaule und des 1827 neu eröffneten Steinbruchs.
Siebengebirgsmuseum/Heimatverein Siebengebirge

Durch eine Allerhöchste Cabinets-Ordre anbefohlen

Eingangskarte zum Drachenfels

Handgeschriebenes und -gezeichnetes Exemplar, ausgestellt am 30. Juli 1830

Diese Karte ist als Freikarte für einen Drachenfelser Grundbesitzer aus Krefeld ausgestellt, nennt aber auch den sonst üblichen Tarif: Die Person 5 Sgr [Silbergroschen], für ein Pferdchen oder Esel 10 Sgr.

Stadtarchiv Krefeld

Symbolische Werkzeuge des Königs

Hammer und Kelle, Silber, 1842

Die stilisierten Werkzeuge wurden von Friedrich Wilhelm IV. bei der neuen Grundsteinlegung für den Weiterbau des Domes im Rahmen des Domfestes am 4. September 1842 benutzt.

Dombauhütte Köln

Bachem, auf den Punkt: *Um diese Steine zu erhalten, müßte auch nur der Thurm hinweggeschafft werden.* Ein solcher Verlust der inzwischen populären Landmarke ließ kritische Stimmen laut werden, mobilisierte Spitzen der preußischen Provinzialverwaltung und sogar Angehörige des Königshauses. Deren Proteste blieben allerdings wirkungslos angesichts einer Rechtslage, die keine Handhabe gegen das Recht der Steinhauer bot, über ihr Eigentum – den Berggipfel – frei zu verfügen. Erst ein Zufall kam den Befürwortern der Erhaltung des Berges zu Hilfe: In einer Mainacht des Jahres 1828 stürzten Mauerreste der ehemaligen Burg an einer Stelle, an der die Steinbrucharbeiten bereits begonnen hatten, in die Tiefe und den Berghang hinab bis in die Nähe des Rheinufers. Dieser Zwischenfall lieferte einen willkommenen Vorwand, um „aus Sicherheitsgründen" den Steinabbau bis auf Weiteres zu verbieten.

Mit diesem Konflikt nahm ein langjähriger Streit seinen Anfang, der sich im Kern immer wieder um die Fragen des tatsächlichen Gefährdungsgrades sowie die Befugnis zur Verfügung eines Abbauverbotes oder gar einer Enteignung der Steinbrucheigentümer drehte. Am Berg selbst eskalierte die Situation offenbar bis hin zu handgreiflichen Auseinandersetzungen zwischen Polizeikräften und Steinhauern. Rückblickend beschreibt der Dombaumeister Zwirner diese Situation in einem Bericht vom Dezember 1842: *Zwei Gendarmen sollen während mehreren Jahren mit geladenen Gewehren den neu angelegten Steinbruch bewacht haben, um das Brechen darin zu hindern.*

Die zwischenzeitlichen Nöte der Steinhauergewerkschaft und ihrer Arbeiter, die um Gewinne und Arbeitsplätze fürchten mussten, verdeutlicht ein 1830 eingeführter Kompensationsversuch: Besucher des Drachenfels mussten eine Eintrittskarte erwerben, ohne die sie das Plateau nicht betreten durften. Von dieser Maßnahme erhofften sich die Betroffenen offenbar Ersatz für die entgangenen Steinverkäufe.

Trotz derartiger massiver Widerstände blieben das Verbot und die Enteignungsverfügung bestehen, fanden aber ihre endgültige Legitimation erst am 26. April 1836 mit dem Abschluss eines Kaufvertrages, mit dem der preußische Staat die Besitzrechte am Drachenfels von den Rechtsnachfolgern der inzwischen – am 1. Juli 1835 – bereits aufgelösten Gewerkschaft erwarb. Somit konnte er fortan als Eigentümer sein Interesse an der Erhaltung des Gipfels durchsetzen. Die Auseinandersetzungen im Vorfeld der letztendlich finanziellen Lösung der Streitfrage gelten seither als wichtiger Meilenstein auf dem Weg hin zu einer gesetzlichen Verankerung des Natur- und Denkmalschutzes in Deutschland.

Den meisten Zeitgenossen war es offenbar bewusst, dass die Sicherheitsbedenken gegen den Steinbruchbetrieb im Falle des Drachenfels nur vorgeschoben waren und dass es in Wirklichkeit um den Schutz der Burgruine mit ihrer landschaftlichen Szenerie ging. Der Dombaumeister Zwirner selbst lieferte in einer schriftlichen Äußerung rund ein Jahr später hierfür einen deutlichen Beleg, der zudem unmissverständlich zum Ausdruck bringt, wie wenig er persönlich die Einsicht in den Sinn dieses staatlichen Eingreifens teilt. Er benutzt dafür das Bild einer bekannten Dombau-Legende, wonach der erste Dombaumeister nach einer gegen den Teufel verlorenen Wette bei einem Sturz vom Domturm den Tod fand. Den Dombaumeister inspiriert dieser Sagenstoff zu einer sehr gegenwärtigen Wunschvorstellung: *Im Interesse des Dombaues könnte ich es nur*

Friedrich Wilhelm IV., König von Preußen

Franz Krüger (1797-1857); Öl auf Leinwand, o.D.

DURCH EINE ALLERHÖCHSTE CABINETS-ORDRE ANBEFOHLEN

Cöln

Farblithographie aus: Scheuren/Sonderland 1865-68 (vgl. Abb. S. 58)

Das Blatt zeigt in einem theatralischen Bühnenprospekt das Kölner Rheinufer von Osten, der Dom ist dabei um 90° gedreht, um das 1862 vollendete Südquerhaus wirkungsvoller zeigen zu können. Mit der Darstellung eines Minnesängers wird mittelalterliche Tradition beschworen, während Klerus und Adel sich einträchtig unter einem Dichterwort zusammenfinden: *Das Alte stürzt, es ändert sich die Zeit, und neues Leben blüht aus den Ruinen.* (Friedrich Schiller)

Siebengebirgsmuseum/Heimatverein Siebengebirge

wünschen, daß so wie einst der Teufel den Baumeister vom Thurme stürzte – er auch mit der Ruine des Drachenfelsens gemacht hätte oder es noch thun wollte, da er bei ihrem wankelmüthigen Stande auf einem gerissenen Felsstück, keine große Mühe damit haben dürfte. Aber er könnte sehr leicht mit der Polizei ins Handgemenge gerathen, die gewiß eben so eifrig wäre als die Steinhauer in der Dombauhütte.

Die Hartnäckigkeit des Dombaumeisters erklärt sich nicht nur aus den günstigen Transportbedingungen zwischen Köln und dem Siebengebirge, sondern auch aus dem in Kreisen der Dombau-Befürworter stark verbreiteten Bewusstsein für die mittelalterliche Bautradition. Trotz dieser gewichtigen Gründe und Zwirners fester Überzeugung von der guten Eignung des Drachenfelser Steins stand dieser für die anstehenden Reparaturarbeiten fortan aber nicht mehr zur Verfügung. Allerdings flammte die Diskussion erneut auf, als mit dem Regierungsantritt Friedrich Wilhelms IV. im Juni 1840 die Chancen stiegen, tatsächlich den Fertigbau des mittelalterlichen Domes in Angriff zu nehmen. Der Gipfelbereich des Drachenfels war zwar im staatlichen Besitz, kam aber definitiv nicht mehr für die Steingewinnung in Betracht. Umso mehr konzentrierten sich die Überlegungen auf tiefer liegende Bergbereiche, in denen auch im Mittelalter bereits die meisten der Domsteine gewonnen worden waren. Auch dort hatten sich allerdings die Besitzverhältnisse geändert, und die in Betracht kommenden Bereiche – darunter auch die „Domkaule" – standen im Eigentum verschiedener privater Besitzer. Ernst Friedrich Zwirner, der seit 1833 als Dombaumeister in Köln arbeitete, forderte dennoch die *Wiederaufnahme des verlassenen Steinbruchs in der sogenannten Domkaule südwestlich am Drachenfels, woraus der Dom erbaut und sein Gestein durch ein halbes Jahrtausend erprobt worden ist.* Im Oktober 1840 erreichte er sogar eine Erörterung dieser Frage im persönlichen Gespräch mit dem König, deren Ergebnis er schriftlich festhielt: *Des Königs Majestät befehlen mir hiermit: vor Allem die Steinbrüche am Drachenfels in Betrieb zu setzen und zu versuchen: ob die verschiedenen Eigenthümer des Drachenfelsens nicht Steine gegen Bezahlung liefern wollten, im Falle der Ankauf von Grundstücken nicht vorteilhaft zu erzielen sein sollte, worüber alsdann Allerhöchst dieselben Vorschläge erwarteten.*

Die folgenden Verhandlungen brachten nicht den gewünschten Erfolg und damit auch nicht die ersehnte Lösung des Steinproblems, das mit der offiziellen Grundsteinlegung für den Weiterbau des Domes am 4. September 1842 immer drängender wurde. Dieser symbolische Akt wurde mit einem großen Fest begangen, bei dem der König selbst in seiner Ansprache die mit dem Dombau verknüpften besonderen Interessen der preußischen Politik verdeutlichte: *Hier, wo der Grundstein liegt, dort mit jenen Thürmen zugleich, sollen sich die schönsten Thore der Welt erheben. Deutschland baut sie, – so mögen sie für Deutschland durch Gottes Gnade Thore einer neuen, großen, guten Zeit werden! Alles Arge, Unrechte, Unwahre und darum Undeut-*

Kölner Dombaufest 1842

F. Kellerhoven nach G. Osterwald; Lithographie, 1842

Die Zeichnung feiert die imposante Szenerie des Festes am 4. September 1842 als Huldigung mit zahlreichen preußischen Insignien. Der König erscheint im Zentrum des Geschehens beim symbolischen Schlag mit dem silbernen Hammer.

Dombauhütte Köln

sche bleibe fern von ihnen. Nie finde diesen Weg der Ehre das ehrlose Untergraben der Einigkeit deutscher Fürsten und Völker, das Rütteln an dem Frieden der Confessionen und der Stände, nie ziehe jemals wieder der Geist hier ein, der einst den Bau dieses Gotteshauses, ja – den Bau des Vaterlandes hemmte! Bei betont konservativer Grundhaltung gewinnt so der Dombau die hohe patriotische Symbolkraft, die fortan dafür sorgen wird, viele Widerstände zu überwinden. Die Vermutung lag offenbar nah, dass auch die Frage der Steinbeschaffung nunmehr in neuem Licht erscheinen konnte.

Seine besondere Vorliebe für Drachenfelser Trachyt lassen den Dombaumeister sogar einen erneuten Vorstoß zur Eröffnung eines Bruches im Gipfelbereich des Drachenfels wagen. Die Initiative ruft aber prompt wieder die Bergbehörde auf den Plan und stößt dort auf unveränderte Skepsis; ein Vertreter der Bergbauverwaltung warnt: *Die Sache mit der Eröffnung der Drachenfelser Steinbrüche hat ihre ganz besonders kitzligen Seiten.* Tatsächlich bleibt auch dieser Versuch erfolglos. Am 3. Juli 1844 bestätigt der preußische Minister Eichhorn den Fortbestand des Abbauverbots, denn es *stellen sich der von Ew. Hochwohlgeboren beantragten Wiedereröffnung des alten Steinbruchs [...] sehr erhebliche Bedenken entgegen. Das genannte Ober-Bergamt bemerkt zunächst, daß diese Sache ohne allen Zweifel zu entstellenden und gehässigen Gerüchten Veranlassung geben und somit einen sehr üblen Eindruck auf das Publikum hervorbringen werde, da es nothwen-*

dig auffallen müsse, wenn ein Steinbruch, dessen Betrieb aus polizeilichen Gründen aufs Strengste verboten und der dadurch in seinem Werthe beträchtlich herabgesetzt worden, dessen zwangsweise Erwerbung seitens des Staates sodann aus denselben und ähnlichen Gründen durch eine Allerhöchste Cabinets-Ordre anbefohlen worden, nunmehr durch den Staat selbst oder durch dessen Rechtsinhaber aufs Neue eröffnet werde.

Mit dieser Feststellung wird die Entscheidung, dem Schutz des Drachenfelsgipfels den Vorrang sogar vor den Interessen des Kölner Dombaus zu geben, abschließend und endgültig festgeschrieben. Spätere Chronisten bewerten diese staatliche Initiative sogar als preußische „Großtat" auf dem Gebiet des Naturschutzes. Für die weitreichenden Folgen liefert das Siebengebirge markante Beispiele, wenn etwa 1869 der Verschönerungsverein für das Siebengebirge gegründet und 1923 das Siebengebirge als eines der ersten deutschen Naturschutzgebiete ausgewiesen wird. Der Kölner Dom musste dafür aus anderen Steinen fertig gebaut werden, die über teilweise große Entfernungen nach Köln transportiert wurden – so etwa für den Bau der Türme zum großen Teil aus Obernkirchen im Weserbergland, das durch die neue Köln-Mindener Eisenbahn überhaupt erst seit 1847 erreichbar war. Manche der späteren Bauteile aus anderen Steinsorten erwiesen sich allerdings tatsächlich als deutlich witterungsanfälliger im Vergleich zu den mittelalterlichen Bauelementen aus Drachenfelser Stein.

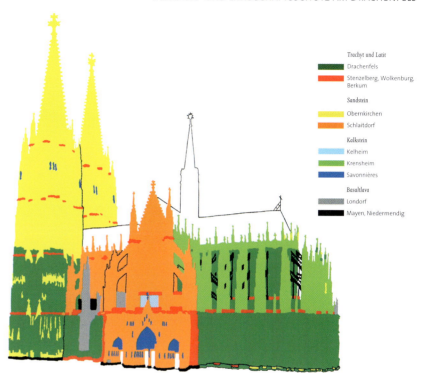

Literatur und Quellen

Hardenberg, Theo: Der Drachenfels - Seine „Conservation vermittelst Expropriation"; Der Rechtsstreit um die Erhaltung des Drachenfelskegels mit seiner aufstehenden Ruine, in: Rheinische Heimatpflege, N.F. 4 / 1968, S. 274-310 – Heinen, Elmar: Das Siebengebirge in der deutschen Naturschutzgeschichte, in: Verschönerungsverein für das Siebengebirge / Klaus Breuer (Hg.): Das Siebengebirge – geschützt und genutzt, Gestern-Heute-Morgen, Königswinter 2009, S. 67-82 – John, Kirsten: Das Kölner Dombaufest von 1842. Eine politische Demonstration König Friedrich Wilhelms IV. von Preußen, in: Oberschlesisches Landesmuseum / Nikolaus Gussone (Hg.): Das Kölner Dombaufest von 1842. Ernst Friedrich Zwirner und die Vollendung des Kölner Doms, Ratingen 1992, S. 63-84 – Scheuren, Elmar: Kölner Dom und Drachenfels, in: von Plehwe-Leisen, Esther, Elmar Scheuren, Thomas Schumacher und Arnold Wolff: Steine für den Kölner Dom, Köln 2004, S. 22-45 – Schumacher, Thomas: Großbaustelle Kölner Dom, Technik des 19. Jahrhunderts bei der Vollendung einer gotischen Kathedrale, Köln 1993

Dombauarchiv Köln, Litt. B 4, C 1, F 3, Z 1

Gesteinsarten am Kölner Dom

Nach einer Zeichnung von Arnold Wolff

Siebengebirgsmuseum / Dombauhütte Köln

Ansgar Sebastian Klein

Der Rolandsbogen und die preußische Denkmalpflege

„Ein modernes Gedicht Freiligrath's"

Blick vom Rolandsbogen
Axel Thünker, 2014

Ein modernes Gedicht Freiligrath's

Blick vom Rolandsbogen zum Drachenfels

Franz Josef Manskirsch (1736-1827); Aquarell, um 1825

Phantasievolle Ansicht des Rolandsbogens, die sowohl die Position des Rolandsbogens als auch die Bausubstanz frei darstellt.

Bonn, Sammlung RheinRomantik

Wer hinführo aber den Rhein bereist, wolle sich geneigtest merken, daß der Rolandsbogen, wie er jetzt dasteht, nicht etwa eine Ruine des Alterthums, sondern ein modernes, vom Dombaumeister Zwirner herausgegebenes Gedicht Freiligrath's ist.

Mit diesem Satz beschrieb 1869 der Mitarbeiter des Germanischen Museums in Nürnberg, Enno Hektor (1820-1874), in seiner biographischen Skizze über den Dichter Ferdinand Freiligrath die wichtige Frage des Umgangs mit Denkmälern im 19. Jahrhundert. Der Erhalt und die Restaurierung von architektonischen Bauten, aber auch anderer Kunstwerke, und somit der Schutz vor – weiterer - Zerstörung durch Verfall oder anderweitiger Nutzung war eine neue Idee, die alsbald weitgehend Zustimmung fand.

Die Hinwendung zum Denkmalschutz ist im Rheinland eng verknüpft mit dem von der Romantik bestimmten Landschaftsideal. Das Rheintal zwischen Bonn und Bingen mit dem mächtigen Strom, den rauen hochragenden Felsen und den zahlreichen Ruinen mittelalterlicher Burgen, gesehen als Zeugen einer vermeintlich glanzvollen Zeit, prägte das romantische Bild einer „na-

Ernst Friedrich Zwirner (1802-1861)

Franz Everhard Bourel (1803-1871); Öl auf Leinwand, o.D.

Dombauhütte Köln

Ferdinand Freiligrath (1810-1876)

J. H. Schramm; Zeichnung, 1840

Dombauhütte Köln

türlichen Landschaft". Sie rief beim Anblick große Emotionen hervor und bestimmte fortan als Leitmotiv die künstlerische Ästhetik. Die Kunst versuchte, die Natur einzufangen, nachzuahmen und zu übertreffen, die Gartengestaltung bzw. Garten(bau)kunst war nicht mehr französisch fein gezirkelt und damit absolutistisch geprägt, sondern englisch „romantisch" verwildert, gerne mit einer künstlichen Ruine garniert.

Die im Zuge der Säkularisation erfolgte Auflösung von rheinischen Klöstern und Stiften hatte dazu geführt, dass zahlreiche Kirchen überflüssig geworden waren. Kleine Pfarrkirchen wie St. Martin in der Bonner Innenstadt fielen dem Abriss anheim, da die katholische Gemeinde das Münster des 1802 nicht mehr existierenden Cassius-Stiftes zur Nutzung übereignet bekam. Ebenso verzichtete 1805 in Oberpleis die Pfarrgemeinde auf ihre alte Pfarrkirche, da sie die Propsteikirche nutzen konnte. Die Gebäude blieben nur erhalten, wenn sie einem neuen Verwendungszweck zugeführt werden konnten, entweder als Pfarrkirche oder als Fabrikort. Wo sich kein neuer Nutzer fand, erfolgte der Abriss, um die Steine als Baumaterial wieder zu verwenden. Von der an einen Bauunternehmer verkauften

Ein modernes Gedicht Freiligrath's

„Ruine von Rolandseck"
Ernst Friedrich Zwirner (1802-1861); Bleistiftzeichnung
Die Zeichnung, datiert 7.2.1840, entstand als Bestandsaufnahme nach dem Einsturz des Bogens.
Dombauhütte Köln

Kirche des Klosters Heisterbach blieb nur der Chor erhalten. Solche Ruinen zogen Künstler und Reisende an. Kunstsammlern wie Ferdinand Franz Wallraf (1748-1824) und den Brüdern Sulpiz (1783-1854) und Melchior (1786-1851) Boisserée ist es zu verdanken, dass viele Kunstgegenstände gerettet und durch Zeichnungen die aufgegebenen Bauten wie Heisterbach dokumentiert wurden.

Die Forderungen nach dem Schutz von architektonischen Denkmälern mehrten sich in der ersten Hälfte des 19. Jahrhunderts, jedoch war die Finanzierung zunächst vom persönlichen Interesse des preußischen Königs Friedrich Wilhelm III. (1797-1840) abhängig. Viele Initiativen gingen vom Kronprinzen aus, dem späteren König Friedrich Wilhelm IV. (1795-1861). So zahlte bereits 1821 der König für den Erhalt der Kapelle auf dem Petersberg gut 583 Reichstaler.

Im Jahr 1829 bündelten sich die Bemühungen um den Erhalt dreier bedeutender rheinischer Denkmäler: In diesem Jahr wurden am Kölner Dom die Arbeiten zum Erhalt des bisherigen Zustandes wieder aufgenommen. Mit einer Kabinettsorder befahl der preußische König den staatlichen An-

Das Freiligrath-Denkmal bei Rolandswerth

Axel Thünker, 2014

Das Denkmal wurde in Erinnerung an Freiligraths Bedeutung für den Wiederaufbau des Rolandsbogens aus privaten Spendengeldern errichtet und am 17. Juni 1914 eingeweiht.

kauf der Kuppe des Drachenfels, um eine weitere Zerstörung der Burgruine durch den Steinbruchbetrieb zu unterbinden. Im gleichen Jahr wandte sich der Oberpräsident der Rheinprovinz an den Kronprinzen mit der Bitte um Unterstützung bei der Restaurierung des mittelalterlichen, an eine Fiale des Kölner Doms erinnernden Hochkreuzes bei Godesberg, einer Sehenswürdigkeit für Rheinreisende. Vermutlich war es die Kölner Dombauhütte, die daraufhin erste notdürftige Sicherungsmaßnahmen zum Erhalt durchführte.

Ging dieses Projekt relativ schwerfällig seinen bürokratischen Gang, so erlebten das Rheinland und ganz Deutschland zehn Jahre später ein Medienspektakel. Als am 28. Dezember 1839 der Rundbogen der Ruine Rolandseck einstürzte, löste das Bild des Einsturzes bei dem zu dieser Zeit in Unkel lebenden Dichter Ferdinand Freiligrath (1810–1876) eine romantische Aufwallung aus. Ohne über die genauen Besitzverhältnisse informiert zu sein, verfasste er zur Wiederherstellung des Bogens einen Spendenaufruf in Gedichtform, der in der „Köl-

Das Hochkreuz und die Godesburg

Unbekannter Künstler; Öl auf Leinwand, um 1820/30

Ansicht des Hochkreuzes vor der Restaurierung. Das Kreuz, das sich bis zur Wiederherstellung auf der Spitze der Stele befunden hatte, wurde bei der Restaurierung zugunsten einer gotischen Kreuzblume nicht mehr ausgeführt.

Siebengebirgsmuseum

nischen Zeitung" erschien und mit dem er rasch landesweit viele Geldgeber fand.

Der Rolandsbogen erregte als eines der beliebtesten Motive der Rheinromantik große Aufmerksamkeit. Sein Wiederaufbau 1840 steht nicht nur für eine gegenseitige Beeinflussung von natürlicher Landschaftsästhetik und künstlicher Landschaftsinszenierung, sondern auch für die Anfänge der Denkmalpflege in Deutschland.

Die Ruine Rolandseck mit dem sagenumwobenen Rolandsbogen war zu diesem Zeitpunkt bereits ein beliebtes Ziel von Wanderern, die von hier aus das Panorama des Siebengebirges bewunderten. Schon am 24. Juni 1825 schloss der preußische Regierungsrat Heinrich Georg Warther als Vertreter der preußischen Verwaltung einen Vertrag mit dem Rolandsecker Gastwirt Arnold Carl Groyen. In diesem verpflichtete sie ihn *wegen der ungemein reizenden, äußerst reichhaltigen Aussicht deren man dort genießt*, zur Aufsicht über die *dem Staate eigenthümlich zugehörige Ruine Rolandseck*. Er sollte *verhüten, daß solche nicht durch Mut-Willen und böslicher Weise gestört wird*. Vorausgegangen war die Besichtigung und Beschreibung der Ruine durch Warther. Seine Aufgabe war die Erfas-

Der Rolandsbogen und die preussische Denkmalpflege

Blick zum Rolandsbogen
Axel Thünker, 2014

Ein modernes Gedicht Freiligrath's

Das Hochkreuz bei Godesberg
Peter Schieffer (aktiv ca. 1840-1860); Lithographie, vor 1855
Vor der Restaurierung sind die Schäden an dem mittelalterlichen Wegekreuz deutlich sichtbar.
Archiv und Wissenschaftliche Bibliothek, Bonn

sung von erhaltenswerten Denkmälern der Architektur, Skulptur und Malerei für den Regierungsbezirk Koblenz, eine regionale Initiative. Das von ihm gefertigte Verzeichnis wurde 1835 gedruckt. Darin sind der 1831 erfolgte Verkauf und die Schenkung an die preußische Prinzessin Marianne (1785-1846) mit dem Zusatz vermerkt, dass *natürlich die Bedingung wegen der Erhaltung der Ruine weggelassen sei*. Offenbar war die preußische Verwaltung bezüglich der Schutzwürdigkeit der verkauften Objekte bei anderen Personen strenger.

Für das Projekt der Wiederherstellung des Bogens konnte Freiligrath den Kölner Dombaumeister Ernst Friedrich Zwirner (1802-1861) gewinnen. Der Schüler Schinkels war ein anerkannter Experte für den Erhalt und die Restaurierung von architektonischen Hinterlassenschaften, aber auch für historisierende Neu- bzw. Umbauten. Sein Hauptbetätigungsfeld war seit 1833 der Kölner Dom, aber Zwirner fand immer wieder Zeit, sich mit anderen Baumaßnahmen zu beschäftigen. So entstand seit 1839 nach seinen Plänen in Remagen die Apollinariskirche.

Anfang 1840 hielt Zwirner den Zustand des eingestürzten Rolandsbogens in einer

Zeichnung fest und erstellte ein Gutachten zu dessen Restaurierung. Nach seinen Plänen wurde das Fundament gesichert und der Bogen möglichst aus den Trümmersteinen wiederhergestellt. Weiterführende Pläne Zwirners wurden bewusst nicht verwirklicht. Freiligrath selbst sorgte dafür, dass eine neu erbaute, jedoch ursprünglich nicht vorhandene Treppe wieder abgerissen wurde. Ihm ging es darum, den Originalzustand zu erhalten bzw. wiederherzustellen.

Der noch unvollendete Kölner Dom indes avancierte zum Symbol der angestrebten deutschen Einheit, als ab 1842 unter der Schirmherrschaft des preußischen Königs ein Weiterbau und damit die Vollendung der Kathedrale ermöglicht wurde. Diese Aufgabe konnte in Angriff genommen werden, weil glückliche Umstände dazu geführt hatten, dass beide Teile des verloren geglaubten mittelalterlichen Fassadenrisses wiedergefunden wurden: eine Hälfte 1814 in Darmstadt von Georg Moller (1784-1852), die zweite 1816 in Paris von Sulpiz Boisserée. Er gewann prominente Mitstreiter wie Johann Wolfgang von Goethe (1749-1832), Joseph Görres (1776-1848), Friedrich Schlegel (1772-1829) und den preußischen Kronprinzen für seine Idee der Fertigstellung des Kölner Domes.

Ein weiteres Restaurierungsprojekt unter der Leitung Zwirners war das mittelalterliche Hochkreuz bei Godesberg. Aufgrund der Beschädigungen bedurfte es einer grundlegenden Restaurierung. Privatspenden und ein Geschenk des preußischen Königs ermöglichten 1855/56 die Wiederherstellung nach Plänen Zwirners.

Wiewohl Schinkel bereits 1815 gefordert hatte, dass die fast verlorenen Denkmäler *in einer erneuerten Gestalt vom Staate wiedergegeben werden* müssten, beschränkte sich der preußische König aus Kostengründen auf Reparieren und Konservieren. Erst 1842 errichtete König Friedrich Wilhelm IV. mit der „Inspektion der Denkmäler des Altertums" eine Behörde für die Erfassung der Denkmäler und ernannte 1843 Ferdinand von Quast (1807-1877) zum ersten Konservator der Denkmäler in Preußen. Damit war der Denkmalschutz zur Aufgabe des Staates geworden.

Literatur und Quellen

Ausst.-Kat.: Das Hochkreuz bey Godesberg. Zur Geschichte und Bedeutung eines gotischen Denkmals. Hg. v. Rheinischen Landesmuseum Bonn im Auftrag des Landschaftsverbandes Rheinland, Köln 1983 – Bornheim gen. Schilling, Werner: Burgenbau in der Mitte des 19. Jahrhunderts. Zum Wiederaufbau des Rolandsbogens 1840, in: Denkmalpflege in Rheinland-Pfalz 29/39 (1974/75), S. 94-101 – Klein, Ansgar Sebastian: Ferdinand Freiligrath, Ernst Friedrich Zwirner und der Wiederaufbau des Rolandsbogens, in: Kölner Domblatt 75, 2010, S. 226-259 – Meinecke, Andreas: Geschichte der preußischen Denkmalpflege 1815 bis 1860, Berlin 2013 (Acta Borussica, Neue Folge, 2. Reihe, Abt. II, Bd. 4) – Ruland, Josef: Ferdinand Freiligrath und die deutsche Denkmalpflege, in: Ferdinand Freiligrath 1876/1976, hg. v. Josef Ruland und Peter Schoenwaldt, Bonn 1976, S. 46-73 – Ruland, Josef: Der Rolandsbogen in Remagen-Rolandswerth. Zur Wiedererrichtung vor 150 Jahren, Neuss 1990 [2., unv. Aufl. ebd. 1997] (Rheinische Kunststätten, H. 359) - Wahlert, [Georg Heinrich]: Kurze Beschreibung der im Regierungsbezirke Coblenz vorhandenen und vorzüglich der Erhaltung werthen Denkmale der Architektur, Sculptur und Malerei, welche zum Theil Eigenthum des Staates, zum Theil Eigenthum der Gemeinden sind, Koblenz 1835 [durch Überdr. vervielfältigtes Manuskript]

Dombauarchiv Köln, Akte Litt. N, suppl. II a – Landeshauptarchiv Koblenz, Bestand 441, Akte Nr. 9174 – Kölnische Zeitung, 12.2.1840 (Spendenaufruf)

Elmar Heinen

Oberpräsident Nasse und der Schutz des Siebengebirges

„Eine Wacht am Rhein"

Nasse-Denkmal, Siebengebirge
Axel Thünker, 2014

Gedenkstein am Lohrberg
Axel Thünker, 2015
Der Gedenkstein für den Oberpräsidenten der preußischen Rheinprovinz wurde 1903 durch den VVS zum 50-jährigen Dienstjubiläum errichtet und in den 1980er Jahren durch eine Bronzetafel ergänzt.

Der Besucher des Siebengebirges findet an dem viel begangenen Wanderweg von der Margarethenhöhe zum Drachenfels auf einer platzartigen Fläche einen Gedenkstein mit der eingemeißelten Inschrift „Dem Oberpräsidenten der Rheinprovinz Berthold Nasse". Als dieser Stein 1903, noch zu Lebzeiten Nasses, errichtet wurde, war der Anlass für diese Ehrung noch allgemein bekannt, so dass er keiner weiteren Erläuterung bedurfte. Erst in den 1980er Jahren wurden auf einer ergänzenden Bronzetafel seine Verdienste als Förderer des Naturschutzes im Siebengebirge hervorgehoben. Dabei wurde seinem Namen die Adelsbezeichnung „von" beigegeben, die ihm erst nach Errichtung des Gedenksteins verliehen worden war.

Berthold von Nasses Vater, der aus Bielefeld stammende Arzt Friedrich Nasse, war 1819 einem Ruf an die neue Rheinische Friedrich-Wilhelms-Universität in Bonn gefolgt. Sein 1831 in Bonn geborener Sohn Berthold studierte dort Rechtswissenschaften. Nach mit Auszeichnung abgelegter Staatsprüfung trat er 1853 in den preußischen Staatsdienst ein, wo er eine glänzende Beamtenkarriere durchlief. Nacheinander war er Landrat in Mayen, Zell, Koblenz und Diez, wurde Vortragender Rat im Ministerium des Innern, Regierungspräsident in Trier und Unterstaatssekretär im Kultusministerium. Gekrönt wurde seine Laufbahn, als er 1890 als Oberpräsident der Rheinprovinz in das ehemals kurfürstliche Schloss in Koblenz einzog. Die Zeitgenossen lobten seine Umsicht und Tatkraft, seinen Gerechtigkeitssinn und sein Bestreben, jeden gesunden Fortschritt zu fördern.

Zu seinen vielen Auszeichnungen zählen die Ehrenbürgerschaft in Bonn, Koblenz, Trier, Ahrweiler und Bacharach, der Ehrendoktor der Universität Bonn und das Adelsprädikat bei seinem Ausscheiden aus dem Dienst 1905. Seinen Ruhestand verbrachte er in Bonn, wo er in der nach ihm benannten Nassestraße mit damals noch freiem Blick auf „sein" geliebtes Siebengebirge wohnte und 1906 starb.

Für das Siebengebirge, dessen landschaftliche Schönheit durch den Abbau von Gesteinen, insbesondere Basalt, aufs Höchste gefährdet war, trat Nasse als tatkräftiger

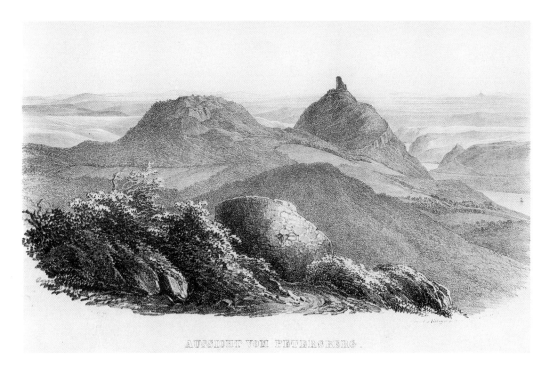

Blick vom Petersberg auf Wolkenburg und Drachenfels
Lithographie um 1840
Siebengebirgsmuseum / Heimatverein Siebengebirge

Beschützer auf. Der für das Massengut Basalt wichtige Transport lag größenteils in Handen der Bröltaleisenbahn, die Strecken durch das Pleisbachtal und das Heisterbacher Tal betrieb. Sie strebte eine Zufahrt zu dem besonders markanten und gefährdeten Ölberg an, stieß aber bei Oberpräsident Nasse als Konzessionsbehörde auf harten Widerstand. Er verhinderte bei den von der Bahn angestrebten Erweiterungen des Gleisnetzes jede zusätzliche Verlademöglichkeit im Siebengebirge.

Da es in Preußen noch kein Naturschutzgesetz gab, blieb als einziger Weg eines sicheren, dauerhaften Schutzes der Eigentumserwerb. Der Verschönerungsverein für das Siebengebirge (VVS), zu dessen Aufgaben der Schutz des Siebengebirges vor Zerstörung und Schädigung gehörte, wollte die hierfür erforderlichen Mittel durch eine Lotterie hereinholen. Um Preistreibereien zu verhindern, war als Flankenschutz der Erwerb des Enteignungsrechtes geboten. Nach Vorgesprächen, die Nasse in den zuständigen Ministerien geführt hatte, richtete der VVS an die Staatsregierung einen Antrag auf Genehmigung der Lotterie und die Gewährung des Enteignungsrechtes. Zugleich nutzte Nasse das ihm als Ober-

Eine Wacht am Rhein

Die Wolkenburg von der Südseite

Aus: „Zur Rettung des Siebengebirges", 1886

Große terrassierte Steinbrüche prägen die Südseite der Wolkenburg.

Siebengebirgsmuseum/ Heimatverein Siebengebirge

„Zur Rettung des Siebengebirges"

Streitschrift des Vereins zur Rettung des Siebengebirges, Bonn 1886

1886 wurde dieser Verein von Rechtsanwalt Joseph Humbroich gegründet und von ihm geleitet.

Siebengebirgsmuseum/Heimatverein Siebengebirge

präsidenten zustehende Recht auf unmittelbaren dienstlichen Zugang zum König, um von diesem persönlich eine Aussage zugunsten des Schutzvorhabens zu erhalten. Von den beteiligten Ministern zeigte sich Landwirtschaftsminister von Hammerstein-Loxton am aufgeschlossensten. Er ließ sich auf einer Informationsreise in das Siebengebirge von Nasse und dem VVS die Notwendigkeit und Dringlichkeit des Schutzes darlegen und drängte im Kabinett auf baldige Bewilligung. Die Minister des Innern und für Kultus bejahten gleichfalls die Schutzbedürftigkeit und die Notwendigkeit des Enteignungsrechtes, während sich der Finanzminister, dem wohl die Konkurrenz zu der Staatslotterie missfiel, gegen das Vorhaben aussprach. Hinsichtlich der aufzubringenden Mittel war man sich mit dem Finanzminister darin einig, dass man zunächst erfragen sollte, was die *über reiche Mittel verfügende Rheinprovinz* und die Städte Köln und Bonn, *denen die Erhaltung des Siebengebirges in hervorragender Weise zugute kommt*, beizusteuern gedächten. Oberpräsident Nasse setzte sich sogleich mit dem Provinzialverband und den beiden Städten in Verbindung und erreichte, dass dort einstimmig erhebliche Finanzhilfen für das Siebengebirge gegeben wurden. Das Staatsministerium beschloss daraufhin 1898 – gegen den Finanzminister – die Gewährung der Lotterie an den VVS.

In der Debatte wies der Handelsminister besonders auf das nationale Empfinden des preußischen und deutschen Volkes hin und zitierte dazu auch Schneckenburgers Lied *Die Wacht am Rhein*. Der Kaiser verlieh mit Order vom 18. Januar 1899 dem VVS das erbetene Enteignungsrecht und auf Nasses Anregung erließ der Kölner Regierungspräsident im selben Jahr eine Polizeiverordnung, die die Erweiterung und die Neuanlage von Steinbrüchen im Siebengebirge verbot. Diese Verordnung war heftig umstritten. Mehrere Gerichte erklärten sie für nichtig, so dass sie 1902 durch eine ähnlich gefasste Verordnung ersetzt wurde. Diese Verordnung hatte Bestand, bis ihr Inhalt in der Verordnung über das Naturschutzgebiet Siebengebirge aufging. Der

Lotterielos

Verschönerungsverein für das Siebengebirge, Bonn, November 1899

Mit den Einnahmen einer Lotterie sollte der Ankauf von Steinbrüchen finanziert werden, um weitere Geländeabtragungen zu verhindern.

Siebengebirgsmuseum/Heimatverein Siebengebirge

Vater Rhein vertreibt die Steinhauer

Aus einem Werbeblatt für die Lotterie, 1899

Siebengebirgsmuseum/ Heimatverein Siebengebirge

Werbeanzeige

Echo des Siebengebirges, 24.1.1903

Auch in der Ortszeitung wurde für die Lotterie geworben, die der Verschönerungsverein für das Siebengebirge unter maßgeblicher Mitwirkung des Oberpräsidenten der Rheinprovinz, Berthold Nasse, erkämpft hatte.

Siebengebirgsmuseum/Heimatverein Siebengebirge

dankbare VVS ernannte Nasse zum Ehrenmitglied, gestaltete die Abraumhalde des neu erworbenen Steinbruchs am Lohrberg zu einem Schmuckplatz und setzte dort zu seinem 50-jährigen Dienstjubiläum den Gedenkstein, dessen - später angefügte - Tafel ihn als Förderer des Naturschutzes im Siebengebirge preist.

Mit den getroffenen Entscheidungen waren die Weichen zugunsten des Schutzes des Siebengebirges gestellt. Zwar gab es noch jahrzehntelang Versuche, die Schutzmaßnahmen aufzuheben oder zu lockern, doch blieben diese im Wesentlichen ohne Erfolg. Nicht nur die betroffenen Bevölkerungskreise - Steinbruch- und andere Grundbesitzer, Steinbrucharbeiter - , sondern auch die Gemeinden protestierten, insbesondere auch gegen den nunmehr einsetzenden großflächigen Grunderwerb durch den VVS. Königswinter beispielsweise hätte sich das Siebengebirge lieber mit *malerisch gruppierten Landhäusern* übersät gewünscht. Oberpleis schätzte *unsere heimische Basaltindustrie* höher ein als den *schönen Anblick unserer rheinischen Berge*. 1910 wandten sich einige Grundbesitzer erfolglos wegen des Enteignungsrechts an das Abgeordnetenhaus. Gegen Ende des Ersten Weltkriegs wurden Stimmen laut, wegen der Notzeit die Schutzmaßnahmen zu lockern und alte Steinbrüche, auch etwa am Ölberg, wieder zu eröffnen. Demgegenüber wiesen der VVS und der Rheinische Verein für Denkmalpflege und Heimatschutz auf die besondere Bedeutung des Siebengebirges für die Erholung suchende ärmere Stadtbevölkerung hin; so auch Kölns Oberbürgermeister Konrad Adenauer: *Das Siebengebirge ist rheinischer Nationalpark, dessen, wenn auch nur teilweise, Vernichtung eine starke Entrüstung der ganzen rheinischen Bevölkerung hervorrufen würde.*

Nachdem die Reichsverfassung von 1919 den Schutz der Denkmäler der Natur zur staatlichen Aufgabe erklärt und der Freistaat Preußen eine Ermächtigung zur Ausweisung von Naturschutzgebieten geschaffen hatte, wurde 1923 das Siebengebirge als eines der ersten Gebiete in Preußen zum Naturschutzgebiet erklärt - wiederum gegen erheblichen Widerstand der betroffenen Bevölkerungskreise und Gemeinden, insbesondere der Stadt Honnef. War auch der Inhalt der Schutznormen infolge dieses Widerstandes anfangs nur dürftig, so wuchs er jedoch in etlichen Novellierungen an. Nach dem Zweiten Weltkrieg wurde auch die Fläche des Naturschutzgebietes deutlich erweitert.

Literatur und Quellen

Heinen, Elmar: Angesehen und angefochten, 140 Jahre VVS, in: Das Siebengebirge – geschützt und genutzt. Hg. VVS Sankt Augustin 2009 – Heinen, Elmar: Das Siebengebirge in der deutschen Naturschutzgeschichte, in: Das Siebengebirge – geschützt und genutzt. Hg. VVS Sankt Augustin 2009 – Heinen, Elmar: Naturschützer gegen Steinbruchbetriebe um 1900, in: Königswinter in Zeit und Bild, Band I. Hg. Manfred van Rey und Ansgar Sebastian Klein im Auftrag der Professor-Rhein-Stiftung; 9. Teillieferung o.J. (1997)

Personenkartei des Stadtarchivs Bonn

Blick auf den Petersberg

Kopie nach Friedrich Heunert (1808-1876) von Wilhelmine von Preußen (1799-1882); Öl auf Leinwand, um 1840

Wilhelmine Luise lebte seit 1921 mit ihrem Mann, Prinz Friedrich Wilhelm Ludwig von Preußen, in Düsseldorf. Ihre Landschaftsbilder belegen die Rheinbegeisterung des Königshauses – hier mit dem seltenen Motiv des Petersberges und seiner Umgebung.

Bonn, Sammlung RheinRomantik

CHRISTIANE LAMBERTY

Gesetze gegen die Verunstaltung der Landschaft

„Wohlthaten soll man nicht aufdrängen"

Blick vom Rolandsbogen
Axel Thünker, 2014

Souvenirstand an der Königswinterer Rheinpromenade

Fotografie um 1915

Nicht nur die Art der Anpreisung, auch die Qualität der Souvenirs sorgte für Kritik.

Siebengebirgsmuseum/ Heimatverein Siebengebirge

Der Aufstieg zum Drachenfels präsentiert sich heute eher schlicht; nur noch vereinzelt stehen Restaurants, ganz verschwunden sind die Buden, die jahrzehntelang für Unterhaltung, aber auch für Kritik sorgten. Seit den späten 1890er Jahren flammte die Diskussion um den Kommerz am Drachenfels immer wieder auf. Ein preußisches Gesetz, das zunächst die Landschaft, später auch Ortschaften unter Schutz stellte und teilweise in das Naturschutzgesetz einging, schuf die juristische Basis, gegen diese Verunstaltungen am Drachenfels vorzugehen.

1902 wurde im Preußischen Landtag über den Schutz der *landschaftlich hervorragenden Gegenden des Rheinlandes* als einer mit kulturellen Reichtümern gesegneten Landschaft diskutiert. Auslöser waren Reklameschilder an einer Weinbergsmauer an der Ahr. Die schon seit 1898 in den Regierungsbezirken Köln und Koblenz geltenden Polizeiverordnungen, die Reklame einschränken sollten, reichten scheinbar nicht aus. Offensichtlich sah man das öffentliche Wohl bedroht, denn Polizeiverordnungen waren eigentlich zur Gefahrenabwehr gedacht. Dass man die Reklame als „Angriff" auf eine schützenswerte Landschaft, als Bedrohung eines Allgemeinwohls begreifen konnte, hat mit ihrer allgegenwärtigen Präsenz zu tun.

Diese Gesetzgebung spiegelte einen großen Umbruch in der Geschichte der Wahrnehmung von Stadt und Land. Seit 1900 prägten Plakate, Reklamewagen, Schaufenster, Lichtreklamen und riesige Reklameaufbauten auf den Dächern die Großstädte. Reklame wurde neben dem dichten Verkehr, den Menschenmassen, der Elektrizität und den Warenhäusern zur Metapher für Großstadt und Moderne. Aber auf dem Land, diesem Ort der Erholung, mochte man Reklame nicht unwidersprochen hinnehmen. Die wichtigsten Verfechter eines schützenswerten Landschaftsbildes waren seit den späten 1890er Jahren die Denkmalpfleger, bald unterstützt durch Heimatschützer.

Der Diskurs um die Reklame brachte nahezu alle fortschrittskritischen Geister an einen Tisch. Reklame wurde zur Projektions-

Königswinterer Hauptstraße mit Reklameschildern
Fotografie um 1910
Fassaden- und Brandwandbeschriftungen, Hängeschilder, Emailschilder und große Schaufenster sind als wichtigste Reklameformen in der Hauptstraße vertreten.
Siebengebirgsmuseum/Heimatverein Siebengebirge

Kaufhaus Drachenfels, Königswinterer Hauptstraße

Ansichtskarte, um 1900

Warenpräsentationen dieser Art wurden zum Gegenstand von Kritik.

Siebengebirgsmuseum/ Heimatverein Siebengebirge

fläche ganz verschiedener Ängste vor allem konservativer bildungsbürgerlicher Kreise und wurde aufgeladen mit einer Fülle apokalyptischer Assoziationen, die ihre Wurzeln in weiten Bereichen der Wirtschaft und des alltäglichen Lebens hatten. Diese Auseinandersetzungen um die Reklame wurden zu einer Stellvertreterdiskussion um das Verhältnis zwischen Kultur, Ästhetik, Wirtschaftsordnung und Recht. Vor diesem Hintergrund wurde auch über die Buden am Drachenfels diskutiert.

Die Diskussion im Landtag begann voller Idealismus; der Schutz der Landschaft lag allen Fraktionen am Herzen. Die juristischen Feinheiten aber erwiesen sich als zermürbend und voller Fallstricke. Der Zentrumsvertreter Marcour (Ahr) stellte schließlich fest: *Es ist eine eigenthümliche Erscheinung, daß die Vertreter sämmtlicher Kreise, die angeblich geschützt werden sollen, sich dagegen aussprechen.* Er kam zu dem Fazit: *Wohlthaten soll man nicht aufdrängen.*

Das „Gesetz gegen die Verunstaltung landschaftlich hervorragender Gegenden vom 2. Juni 1902" wurde schließlich nicht nur auf die Rheinprovinz beschränkt. Juristisch nicht ganz ausgefeilt, erwies es sich als praxisfern und wurde funf Jahre später als „Preußisches Gesetz gegen die Verunstaltung von Ortschaften und landschaftlich hervorragenden Gegenden vom 15. Juli 1907" auf Ortsbilder ausgeweitet und klarer definiert. Vor allem diese zweite Fassung sorgte für breite Diskussionen.

Schon in den Landtagsdebatten wurden große Bedenken geäußert, dass die „Siebengebirgsfrage" wieder aufflammen könnte: 1899 hatte der Verschönerungsverein für das Siebengebirge (VVS) vom Preußischen Staat das Recht erhalten, Steinbruchbesitzer zu enteignen, um dadurch die Landschaft schützen zu können (s. Beitrag „Eine Wacht am Rhein"). Die damaligen Fragen beherrschten nun wieder die Auseinandersetzung: Inwieweit können ästhetische Ideale Eigentumsrechte beschneiden, und wer definiert sie?

Im Vorfeld der Gesetzesvorlage bat Innenminister von Rheinbaben 1901 die einzelnen Landräte um Stellungnahmen zur *Verunstaltung von Naturschönheiten durch Reklameschilder* – und nahm Kontakt zum VVS auf, der offenbar als (inoffizielle) Instanz in Sachen *landschaftliche Schönheit* galt. Damit wurden alte Konfliktfelder wieder offengelegt. Folglich reagierte man in Königswinter zunächst sehr verhalten und erklärte, durch die Polizeiverordnung von 1898 habe man die *das Landschaftsbild in hohem Maße schädigenden Reklameschilder* beseitigt. Auch in Niederdollendorf habe man ein riesiges Schild am Rheinufer entfernt. Weitere *Auswüchse* gebe es nicht.

Die erweiterte Fassung des Gesetzes von 1907 beobachtete man mit größerer Unruhe, denn hiermit rückte auch das Ortsbild in den Fokus. Gerade durch die Erfahrungen mit der mächtigen Stellung des VVS beobachte man mit *besonders scharfer Empfindung* die neue Entwicklung, so die Lokalzeitung. In der Vergangenheit habe sich gezeigt, wie schwierig es sei, ästhetische Ansprüche – meist durch Auswärtige formuliert – mit den wirtschaftlichen Interessen der Einheimischen in Einklang zu bringen. Zudem verhinderten die vagen Ausführungsbestimmungen eine rasche Umsetzung. Viele Gemeinden sahen sich mit dem, was sie unter *gröblicher Verunstaltung* begreifen sollten, überfordert. Man handelt rheinisch: Zahlreiche Orte im Siebengebirge wollten erst *die Stellungnahme der Nachbargemeinden abwarten* oder räumten ein, dass die Verhältnisse auf dem *platten Land* kein Ortsstatut erforderten, dass bislang keine *Ausschreitungen* vorgekommen seien und dass man sowieso über keinerlei schützenswerte Gebäude verfüge. Niederdollendorf bat, *die Angelegenheit noch 1 Jahr ruhen zu lassen.* Honnefs erster Entwurf 1909 musste überarbeitet werden.

Heimatschützer gegen Reklame

Aus: Högg, Emil: Ladeneinrichtungen in alten Häusern, München 1913

Heimatschützer kämpften für ein Ortsbild ohne Reklame – dazu wurden in Propagandaschriften Schilder (und Menschen) aus dem Stadtbild herausretuschiert.

Abb. 32 Durch Reklame entstelltes Straßenbild

Abb. 33 Obiges Straßenbild ohne Reklame

In Königswinter rückten sehr schnell die touristisch wichtigen Orte der Stadt ins Zentrum der Aufmerksamkeit: das Rheinufer als Eintrittstor zur Stadt und der Weg zum Drachenfels. Gerade hier gab es schon länger Klagen von Touristen über das *trostlose Geschäftsgebaren der Fremdenindustrie* und die *Krimskramsbuden* – so die „Kölnische Zeitung" 1907. Zwar regte man schon im ersten Entwurf eines Ortsstatuts 1909 an, die Aufstellung solcher Buden und ihrer aufdringlichen Reklame einzuschränken, dann verliefen alle Bemühungen jedoch im Sande.

1910 klagte der Vorsitzende des Rheinischen Vereins für Denkmalpflege und Heimatschutz, Provinzialkonservator Clemen, in einem Brief an den Oberpräsidenten: *Schon jetzt ist der Aufstieg zum Drachenfels ein Stein des Anstoßes und kaum irgendwo wird das aufdringliche Anpreisen von minderwertigen Darbietungen in so widerlich abstoßender Form in die schöne Natur hineingesetzt. Der schönste Punkt des Siebengebirges* werde hier *gewissermaßen prostituiert.*

Der fehlende Elan der Gemeinden am Rhein enttäuschte die Initiatoren. Clemen zog 1911 ein bitteres Fazit: *Dieses Gesetz schien in erster Linie bestimmt, in der denkmälerreichsten Provinz des preußischen Staates, in der Rheinprovinz, freudige Aufnahme zu finden [...]. Es muß nun mit einiger Beschämung konstatiert werden, daß gerade in der Rheinprovinz von den Wohltaten des Gesetzes nur von einer verhältnismäßig kleinen Zahl von Gemeinden Gebrauch gemacht wurde. Das Zutrauen, das die Königliche Staatsregierung in die Einsicht und die Energie der kleinen Gemeindevertretungen gesetzt hat, war in manchen Fällen zu großes.*

Ende 1913 nahm der Druck der Regierung zu. Das fehlende Ortsstatut rückte wieder in den Blick, und es fiel auf, dass zahlreiche Buden gegen Bauvorschriften verstießen. Im Sommer 1914 verbot ein Ortsstatut Buden dann, *wenn dadurch das Ortsbild beeinträchtigt werden würde.* Schilder, Schaukästen und Buden am Drachenfels wurden genehmigungspflichtig.

Warum hielt man an einem Gesetz fest, dessen Umsetzung vielerorts nicht gewollt war und dessen praktische Umsetzung die Verwaltung überforderte? Wem nützte die ganze Diskussion? Der angefachte Diskurs über die Reklame zog eine breite und grundsätzliche Auseinandersetzung darüber nach sich, wie ein Umgang mit Landschaft aussehen konnte. Ansprüche der Wirtschaft und Eigentumsinteressen wurden gegen Allgemeinwohl und das Recht auf Erholung abgewogen. Besonders Gruppen des Bildungsbürgertums stellten die idyllisierte Landschaft der Großstadt gegenüber. Das Land biete Erholung und fördere das Schöpferische, hier finde die dringend benötigte Regeneration der Gesellschaft statt. Umso schmerzlicher wurde jeder Übergriff städtischen Lebens – beispielsweise in Form der Reklame – auf diese verklärte Natur empfunden. In die Diskussion um das Gesetz ging diese Ansicht ein.

Denkmal- und Heimatschützer verfügten über eine große bildungsbürgerliche Lobby und erhielten häufig Unterstützung von behördlicher Seite. Personelle Überschneidungen waren die Regel. Das traf vor allem für den Rheinischen Verein zu, der unter der Protektion des Oberpräsidenten gegründet wurde und zu dessen Mitgliedern sämtliche Landräte und Stadt- und Landkreise zählten. Es gab zudem personelle Überschneidungen mit dem Bund Heimatschutz.

In der breiten Diskussion um das neue Gesetz konnten sich die relativ neuen Organisationen der Denkmal- und Heimatschützer erfolgreich als mitbestimmend und gesellschaftlich verantwortungsvoll positionieren. Dazu griffen sie auf einen breiten Konsens über die Funktion der Landschaft zurück. Neue Gesetze ermöglichten in bislang ungekanntem Maße eine durch Ästhetik legitimierte Vorgehensweise, die mit dem Grundsatz brach, dass der *Schutz ästhetischer Interessen nicht Aufgabe der Polizeibehörden ist*. Die Beseitigung oder Einschränkung der sichtbaren Symptome des Kapitalismus im Landschaftsbild suggerierte eine friedliche Koexistenz von Landschaftsgenuss und moderner Industriegesellschaft.

Ob sich diese ideellen Ziele der Landschaftsschützer mit denen der Bevölkerung vor Ort deckten, darf bezweifelt werden. Sie profitierte jedoch von der Bedeutung der Landschaft für den Tourismus. Dessen Hochzeit begann allerdings erst – in einer von Verunstaltung weitgehend geschützten, landschaftlich reizvollen Gegend.

Literatur und Quellen

Haus, Andreas: Foto, Propaganda, Heimat, in: Fotogeschichte, Jg. 14, Heft 53/1994, S. 3-14 - Högg, Emil: Ladeneinrichtungen in alten Häusern (111. Flugschrift zur Ausdruckskultur, hg. vom Dürerbund), München 1913 - Lamberty, Christiane: Reklame in Deutschland 1890-1914. Wahrnehmung, Professionalisierung und Kritik der Wirtschaftswerbung, Berlin 2000 - Die Preußischen Gesetze gegen Verunstaltung, mit Einleitung, Musterordnungen und Sachregister, hg. von Otto Goldschmidt, Berlin 1912 - Schmoll, Friedemann: Erinnerung an die Natur. Die Geschichte des Naturschutzes im deutschen Kaiserreich, Frankfurt und New York 2004 - Wiemer, Karl Peter: Ein Verein im Wandel der Zeit. Der Rheinische Verein für Denkmalpflege und Heimatschutz von 1906 bis 1970, Köln 2000

Echo des Siebengebirges, 20.6.1907 - Kreisarchiv des Siegkreises, Akten 1223, 1440, 2788, 44064, 58563, 58703, 58544 - Landesarchiv Koblenz, Bestand 403, Akte 25831 - Stadtarchiv Bad Honnef, Akten 32-9-2 - Stadtarchiv Königswinter, Akten 46, 675

CHRISTIANE LAMBERTY

Aufforstungspolitik im Siebengebirge

„Daß der Zustand des Gemeindewaldes kein geregelter ist"

Blick von der Wolkenburg
Axel Thünker, 2014

Wirtschaftskarte des Gemeindewaldes der Stadt Honnef

Feder- und Tuschezeichnung, 1922 (Ausschnitt)

Die farbliche Markierung der Altersklassen auf der Karte dokumentiert den Wandel der Holzarten im Laufe des 19. Jahrhunderts.

Stadtrevierförsterei Bad Honnef

Von der Wolkenburg sieht man heute einen Hochwald aus unterschiedlichen Baumarten; noch vor 200 Jahren prägte hier dagegen der Niederwald das Bild. Nur auf wenigen Parzellen finden wir das, was viele mit preußischer Aufforstungspolitik verbinden: die Fichte – in der Eifel auch „Preußenbaum" oder „Brotbaum" genannt. Offenbar unterschied sich die Forstwirtschaft des 19. Jahrhunderts im Siebengebirge von der in der Eifel.

Wesentlich für einen genaueren Blick auf die Geschichte des Waldes im Siebengebirge ist es, sich die Vielfalt der (kleinteiligen) Besitzverhältnisse zu verdeutlichen. 1840 wurde der Honnefer Markwald zwischen Aegidienberg (ca. 600 Hektar) und Honnef (650 Hektar) geteilt. Der Waldbesitz des Verschönerungsvereins war 1912 auf 670 Hektar angewachsen. Dem Staat gehörten 406 Hektar. Der Rest befand sich in privater Hand. Bei solch einer vielfältigen Besitz- und Nutzungsstruktur ist eine einheitliche Forstpolitik kaum möglich. Sehr wohl aber lassen sich Grundzüge einer staatlichen Forstpolitik aufzeigen: Am Beispiel des Gemeindewaldes lässt sich diese am besten darstellen. Die auftretenden Konflikte spiegeln hier die unterschiedlichen Interessen, die die jeweiligen Nutzer des Waldes vertraten.

Die "Verordnung vom 24. Dezember 1816, betreffend die Verwaltung der den Gemeinden und öffentlichen Anstalten gehörigen Forsten in den Provinzen Westfalen, Kleve, Berg und Niederrhein" stellte die Gemeindewälder zwar unter Selbstverwaltung, überwachte jedoch deren *Benutzungsart* durch die Regierung. Die Gelegenheit war günstig, die aus französischer Vorgängerzeit bestehende Struktur der Forstverwaltung zu übernehmen und die neue Rheinprovinz einer strengeren Kontrolle zu unterwerfen, als es bis dahin in den alten preußischen Provinzen üblich war. In den ersten 20 Jahren preußischer Herrschaft waren die Bekämpfung des Forstfrevels – Diebstahl von Holz und Streu – sowie die Regelung des Holzverkaufs und das Jagdrecht wichtige Aufgaben der Forstverwaltung.

Den größten Problembereich stellten aber die Ödflächen dar, die durch massive Abholzungen entstanden waren. Angesichts der katastrophalen Zustände vieler Wälder gerade der westlichen Provinzen war das vorrangige Ziel der Regierung eine nachhaltige *Holzerzielung* und damit ein Erhalt des Gemeindevermögens. Bestimmungen von 1839 und 1858 verpflichteten die Gemeinden der Rheinprovinz zu strengeren Aufforstungsmaßnahmen. Ausgebildete Förster mussten sämtliche Rodungen, Fällungen und Verkäufe genehmigen lassen und die sachgerechte Bewirtschaftung der Wälder durch Forstkulturpläne und einen entsprechenden Etat nachweisen. Jährlich kontrollierten die Königlichen Oberförster die Gemeindewälder; sie waren es auch, die neue Formen der Waldwirtschaft propagierten und für deren Umsetzung in der Praxis sorgten.

Diese Eingriffe seitens der Regierung kollidierten mit hergebrachten Rechten. Am Beispiel Aegidienberg wird deutlich, wie belastend die neue Gesetzgebung für eine

Lohwaage

Bad Honnef,
2. Hälfte 19. Jahrhundert

Der Verkauf von Eichenrinde (Lohe) war bis zum Ende des 19. Jahrhunderts für Waldbesitzer ein lukratives Geschäft. Die langen Rindenstücke wurden zentnerweise abgewogen und gebündelt.

*Siebengebirgsmuseum/
Heimatverein Siebengebirge*

Gemeinde war. Traditionelle Rechte der Gemeindemitglieder an Bau- und Brennholz sowie Streu wurden nun staatlichen Kontrolle unterworfen. 1848, als die als Übergriff empfundene Einflussnahme des Staates immer deutlicher wurde, forderten die Aegidienberger vom Oberpräsidenten Eichmann eine *freiere Disposition* über ihren Waldbesitz. 1852 formulierten sie erneut eine Petition an die Provinzialregierung, in der sie die Aufgabe des Waldes in

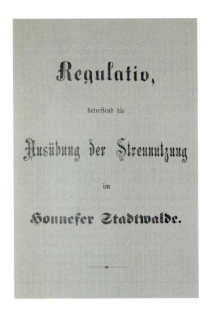

Ausübung der Streunutzung im Honnefer Stadtwald

Druckschrift, 1882

Intensive Streunutzung verhindert die Regeneration des Waldes und wurde durch Forstwissenschaftler zunehmend beanstandet.

Stadtarchiv Bad Honnef

„Erlaubnißschein zum Sammeln von Raff- und Leseholz"

Ausgestellt: Königswinter, 23.4.1898

Die Nutzung des Waldes wurde in der 2. Hälfte des 19. Jahrhunderts immer stärker eingeschränkt. Bedürftige erhielten eigens ausgestellte Holzsammelscheine.

Stadtarchiv Königswinter

seiner jetzigen Form forderten; ein Drittel könne zu dringend benötigtem Ackerland gemacht werden, der Rest solle aufgeteilt werden, und jedes Gemeindemitglied solle darüber frei verfügen. Dieser Antrag wurde abgelehnt, 1865 aber nochmals gestellt. Bürgermeister Mirbach distanzierte sich in einem Schreiben an den Oberpräsidenten von seiner widerspenstigen Gemeinde, die durch die Agitation eines *ehemaligen Schullehrers* dazu verführt werde, das Gemeindevermögen zu verspielen.

So mussten die Aegidienberger die Umwandlung ihres Waldes und die Zunahme an Nadelholz mitansehen. Schon 1841 versuchte ein Förster Stetter, die Aegidienberger Heideflächen in vorbildlicher Weise mit Kiefern und Lärchen aufzuforsten. Der kontrollierende Oberförster zeigte sich begeistert und erklärte, *daß die von dem Stetter bei seinen Anlagen bewiesene Umsicht und sein Eifer nur Lob verdienen.* Die Gemeinde wollte jedoch das kultivierte und in den Forstkulturplan aufgenommene Land lieber als Acker nutzen, doch solche Umwandlungen hatten kaum Aussicht auf Genehmigung. Und so klagten die Gemeindemitglieder 1848: *Es wird so von Jahr zu Jahr endlich die Hälfte des Waldes aus Nadelholz bestehen, wodurch der Gemeinde ein ganz unentbehrliches Produkt, nemlich die Streu abgehet.* Nadeln ergaben keine brauchbare Streu Streu ermöglichte jedoch auch ohne viel Landbesitz eine kleine Viehhaltung. Bei der Stallhaltung wiederum wurde der Dünger gewonnen, den der wenige Acker dringend benötigte.

Diese Frage der Streunutzung blieb bis weit ins 20. Jahrhundert hinein der Hauptstreitpunkt in der Waldnutzung. Die Streuentnahme hinderte die Regeneration des Waldes, weil sie die Humusbildung hemmte. Polizeiverordnungen sollten diese Art der Waldnutzung zumindest einschränken.

Prinzipiell verließ sich der Staat in der Wahl der Baumarten zur Aufforstung zunächst auf die Kompetenz der örtlichen Förster. Dennoch setzten sich meist Nadelbäume durch. Im Siebengebirge hielt man lange an der unter den Franzosen eingeführten Kiefer als wichtigstem anspruchslosen Nadelbaum fest, um *Verwüstungen* aufzuforsten. Diese Baumart wurde auch von den meisten Forstwissenschaftlern propagiert. Nadelholz galt als Zwischenlösung, um völlig verarmte Böden zu rekultivieren und langfristig wieder den Anbau von Laubholz zu ermöglichen.

Stärker als in Aegidienberg wurde im Honnefer Stadtwald Ramholzwirtschaft betrieben, also die Nutzung von Buchen- und Eichenniederwald, in dem aus den neuen Ausschlägen Weinbergspfähle gewonnen wurden. Daneben war der Eichenschälwald eine wichtige Erwerbsquelle. Mit dem Verkauf von Eichenrinde (Lohe) hatten die Honnefer schon in den vergangenen Jahren gute Geschäfte gemacht, warf er doch fast so viel Gewinn ab, wie der ganze übrige Holzverkauf zusammen.

Auch die Honnefer mussten sich in den 1850er Jahren vorwerfen lassen, *daß der Zustand des Gemeindewaldes kein geregelter ist.* Da sie ihren Wald nicht sachgerecht bewirtschaften würden, bekamen sie einen *qualifizirten Forstbeamten* zugewiesen. 1877 erstellte Bernard Borggreve ein Gutachten als Basis eines Bewirtschaftungsplanes. Der Professor an der neuen Preußischen Forstakademie Hannoversch Münden bestätigte die Honnefer in ihrer Art der Waldnutzung und vertrat zugleich preußische Interessen. Über 80 % der wichtigen Lohrinde wurde in der Rheinprovinz gewonnen. Borggreve sprach sich explizit gegen die Fichte aus und empfahl die Konzentration auf Eichenschälwald als *die muthmaßlich rentabelste Wirthschaftsform* und damit auf den traditionellen Niederwald. Voraussetzung sei aber eine fachgerechte Kartierung. Zugleich betonte er, dass *die Streunutzung und insbesondere die Anwendung der Sichel resp. Krumme ein am Honnefer-Wald*

fressender Krebsschaden ist, ohne dessen Beseitigung an eine Besserung des Waldzustandes gar nicht gedacht werden kann. Die Waldkommission der Stadt gab 1879 die Kartierung und einen neuen Wirtschaftsplan in Auftrag. Allein 1881 wurden über 40.000 junge Eichen aus eigener Aufzucht gesetzt. 1882 folgte ein „Streunutzungs-Regulativ". Für die Honnefer erwies sich der Eichenschälwald langfristig als Reinfall - seit den 1880er Jahren wurde verstärkt ein Gerbstoff aus Südamerika importiert, der die heimischen Lohpreise verfallen ließ. Erst dann wurde doch vermehrt die Fichte gepflanzt, Beispiel für ein reines Nutzholz mit kurzer Umtriebszeit. Sie hatte als „Preußen- oder Brotbaum" in der Eifel große wirtschaftliche Bedeutung erlangt. Bis ins 20. Jahrhundert hinein blieben jedoch große Buchen- und Eichenbestände präsent.

Neben der Zunahme der Kontrollen einer fachgerechten Bewirtschaftung gab es eine weitere Möglichkeit, die Umwandlung des Waldes voranzutreiben: Seit der Mitte des 19. Jahrhunderts konnten Fördergelder beantragt werden. Dies galt zunächst nur für die Eifel. Dieser Eifelkulturfonds zur Aufforstung wurde 1901 als „Rheinischer Westfonds" ausgeweitet. 1903 stellte Aegidienberg den ersten Antrag auf staatliche Fördergelder, obwohl diese mit einer strengeren Waldaufsicht verknüpft waren. Bis zum Ersten Weltkrieg erhielten die Aegidienberger jährlich Geld, das zur Aufforstung, später auch zum Wegebau diente. Ab den späten 1890er Jahren erleichterte die Bröltalbahn den Holztransport, und man baute

Grubenholzverkauf

Anzeige: Honnefer Volkszeitung, 12.10.1904

Holzverkäufe mussten öffentlich gemacht werden. Die Holzarten lassen Rückschlüsse auf Pflanzungen in der Vergangenheit zu.

Stadtarchiv Bad Honnef

das an, was raschen Umsatz brachte: Nadelbäume als Grubenholz. Gleichzeitig folgte man dem Ratschlag der Regierung und forcierte den Anbau von Fichten, deren Samen aus Staatsbetrieben preiswert zu erhalten waren. Knapp 290.000 junge Fichten wurden allein 1904 gesetzt.

Eine ganz andere Bewirtschaftung zeigt sich – bis heute sichtbar – in den Gebieten des Verschönerungsvereins. Nicht die Rentabilität des Waldes stand hier im Vordergrund, sondern eine neue Art der Nutzung: Man propagierte die *Erzielung eines schöneren Landschaftsbildes*. Das war mit Fichten nicht zu erreichen: *Eine Stange sieht genau aus wie die andere, das Ganze ist maßlos langweilig!* – so der Vordenker der Waldästhetik, Heinrich von Salisch. Der Verschönerungsverein setzte diese veränderten Vorstellungen um: An wichtigen Aussichtspunkten und viel begangenen Wegen wurden statt Fichten Laubholzsolitäre mit schöner Herbstfärbung gepflanzt, wie Roteichen, Eschen und Ahorne. Fichten und (falsche) Akazien wurden nur dort eingepflanzt, wo der Boden für andere Baumarten ungeeignet war. Buchenniederwald in angekauften Parzellen wurde nach und nach in Hochwald überführt. Bocksdorne und schottische Zaunrosen verschönerten den Wald. An Aussichtspunkten wurden Bänke für die Touristen gesetzt – der Waldbesuch wurde zum Naturgenuss.

Literatur und Quellen

Hagen, Otto von: Die forstlichen Verhältnisse Preußens, 3. Auflage, bearb. von Karl Donner, Band 1 und 2, Berlin 1894 - Müller-Wille, Wilhelm: Der Niederwald im Rheinischen Schiefergebirge. Eine wirtschafts-geographische Studie, in: Westfälische Forschungen, Band 1, Münster 1938, S. 51-114 - Salisch, Heinrich von: Forstästhetik (Neuauflage auf Basis der 3. vermehrten Aufl. von 1911), Remagen 2009 - Schimanski, Johannes: Die Forstgeschichte des Siebengebirges unter besonderer Berücksichtigung der Waldeigentumsentwicklung, Diss. Göttingen 1954 - Schmidt, Herbert: Aus der Wald- und Forstgeschichte des Siegkreises. Eine Auswertung des Archivs des Staatlichen Forstamtes Siegburg, Siegburg 1973

StA Bad Honnef, Akten 80-1-1, 83-1-1, 83-1-2 - StA Königswinter, Akten 594, 655 - StA Bonn, Depositum VVS

Für forstwissenschaftliche Auskünfte danke ich Herrn Bernd Schwontzen, Bad Honnef.

AUFFORSTUNGSPOLITIK IM SIEBENGEBIRGE

Kaiser-Eiche, Bad Honnef
Axel Thünker, 2014

Elmar Scheuren

Wolfgang Müller von Königswinter – ein liberaler Patriot

„Ich lieb und ehr vor allen mein deutsches Vaterland"

Wolfgang-Müller-Denkmal, Königswinter
Axel Thünker, 2015

Ich lieb und ehr vor allen mein deutsches Vaterland

Porträtmedaillon von Wilhelm Müller

Gustav Bläser (1813-1874); Basrelief, Gips, 1840

Siebengebirgsmuseum / Heimatverein Siebengebirge

Wolfgang Müller, der glühende Verehrer des herrlichen Rheinstromes und seiner paradiesischen Umgebung, dessen Lied nicht müde wurde, den Zauber des Rheines, seiner Berge, seiner Burgen, Städte und Dome in heller Begeisterung zu besingen, er ist uns näher gerückt. Die dankbare Nachwelt hat ihm dort, wo seine Wiege stand, wo der Jugend goldene Tage ihm blühten, ein Denkmal gesetzt.* So beginnt der Zeitungsbericht von der feierlichen Einweihung – am 29. Juni 1896 – eines Denkmals, das bis heute an der Königswinterer Rheinallee von dem berühmten Sohn der Stadt kündet, und er fährt fort mit den pathetischen Worten: *Dicht vorbei rauscht der Strom und schaut hinauf zu der Büste des Dichters, der so trefflich die Sprache seiner Wellen verstand, dessen Herz beständig am Rhein war.*

Als Peter Wilhelm Carl Müller wurde der später so hoch Geehrte am 15. März 1816 in Königswinter in einem Wohnhaus an der Hauptstraße (an der Stelle des heutigen Hauses Nr. 403) geboren. Sein Vater Georg Müller praktizierte hier als Arzt, zog jedoch 1820 mit der Familie nach Bergheim / Erft und später nach Düsseldorf. Dort besuchte der Sohn ein angesehenes Gymnasium und zählte zu einem Freundeskreis im Umfeld der Düsseldorfer Kunstakademie. In Bonn studierte er ab 1835 Medizin, verkehrte in literarischen Kreisen und pflegte Kontakte etwa zu Ferdinand Freiligrath, Nikolaus Becker, Karl Simrock und Johanna und Gottfried Kinkel. Nach Abschluss seines Medizinstudiums in Berlin und Düsseldorf übernahm er dort 1842 nach dem Tod seines Vaters dessen Arztpraxis. 1847 heiratete er die Kölner Bankierstochter Emilie Schnitzler, blieb aber mit der Familie zunächst in Düsseldorf, wo er sich vor allem als Chronist der Düsseldorfer Künstlerszene betätigte. Politische Aktivitäten und die Nähe zu revolutionären Kreisen – etwa um die Düsseldorfer Künstlervereinigung „Malkasten" – brachten ihn 1848 nach Frankfurt und als Abgeordneten bis in die dortige Nationalversammlung. Nach dem Scheitern dieser revolutionären Bewegung zog er mit der Familie in den 1850er Jahren nach Köln, wo er sich – dank des Vermögens seiner Frau – voll und ganz literarischer und kunstkritischer Arbeit widmen konnte.

Bei seinen literarischen Veröffentlichungen erlebte Müller wegen seines Rufnamens Verwechslungen mit dem als „Dichter der Romantik" populären Wilhelm Müller (1794-1827). Aus diesem Grunde veröffentlichte er ab 1840 unter dem Namen „Wolfgang Müller", womit er zugleich eine Beziehung zu seinem großen Vorbild Goethe herstellen wollte. Trotz massiver Kritik vieler seiner Freunde behielt er dieses Pseudonym bei und fügte ihm ab 1845 sogar den Zusatz „von Königswinter" bei. Dass diese – vordergründig sachliche – Herkunftsbezeichnung faktisch den Eindruck einer Adelung erweckte, war offenbar ein vom Dichter selbst genau so beabsichtigter Effekt.

Neben seinen kunstkritischen Schriften, die bis heute wichtige Quellen etwa zur Struktur der „Düsseldorfer Malerschule" und zum Werk einzelner Vertreter darstellen, sind die Arbeiten Müllers von der Verherrlichung der Rheinlandschaft und patriotischer Hingabe geprägt. Vor allem die Titel „Rheinfahrt" (1846) und das Rheinsagenbuch „Loreley" (1851) fanden starke Verbreitung. Seine Lyrik wurde von Zeitgenossen sehr positiv aufgenommen und oft vertont. Dichtungen wie „Mein Herz ist am Rhein" oder „Der Mönch von Heisterbach" spiegeln enge Verbundenheit mit seiner ursprünglichen Heimat. Das Heisterbach-Gedicht legt sogar die Vermutung nahe, dass der Dichter hier absichtlich einen weit verbreiteten Sagenstoff mit der zunehmend touristisch genutzten ehemaligen Zisterzienser-Abtei verknüpfte. Ähnliche Intentionen können auch für ein anderes erzählerisches Werk gelten: Die

Wolfgang Müller von Königswinter

Caspar Scheuren (1810-1887), Farblithographie, publiziert im Deutschen Künstler-Album, 10. Jg., 1877

Müllers Porträt wird von der Allegorie der Poesie und vom Genius des Todes mit verlöschender Fackel flankiert. Unter einer üppigen Weingirlande ist eine Ansicht seines Geburtsortes Königswinter zu sehen. Ein Schmetterling und ein Basiliskenpaar sowie blühende Frühlingsblumen verweisen auf die Unsterblichkeit des Dichters und seiner Werke.

Siebengebirgsmuseum/Heimatverein Siebengebirge

Erzählung „Sommertage im Siebengebirge" entstand 1864-65 in einer Phase gezielter „Verschönerungs"-Maßnahmen, nachdem der Bürgermeister von Königswinter ein derartiges Werk schriftlich bei dem bekannten Sohn der Stadt angeregt hatte.

„Mein Herz ist am Rhein" [1841]
Mein Herz ist am Rheine, im heimischen Land!
Mein Herz ist am Rhein, wo die Wiege mir stand,
Wo die Jugend mir liegt, wo die Freunde mir blühn,
Wo die Liebste mein denket mit wonnigem Glühn;
O wo ich geschwelget in Liedern und Wein:
Wo ich bin, wo ich gehe, mein Herz ist am Rhein!

Dich grüß' ich, du breiter, grüngoldiger Strom,
Euch Schlösser und Dörfer und Städte und Dom,
Ihr goldenen Saaten im schwellenden Tal,
Dich Rebengebirge im sonnigen Strahl,
Euch Wälder und Schluchten, dich Felsengestein:
Wo ich bin, wo ich gehe, mein Herz ist am Rhein!

Dich grüß' ich, o Leben, mit jauchzender Brust,
Beim Liede, beim Weine, beim Tanze die Lust!
Dich grüß' ich, o teures, o wackres Geschlecht.
Die Frauen so minnig, die Männer so recht!
Eu'r Streben, eu'r Leben, o mög' es gedeihn!
Wo ich bin, wo ich gehe, mein Herz ist am Rhein!

Mein Herz ist am Rheine, im heimischen Land!
Mein Herz ist am Rhein, wo die Wiege mir stand,
Wo die Jugend mir liegt, wo die Freunde mir blühn,
Wo die Liebste mein denket mit wonnigem Glühn!
O möget ihr immer dieselben mir sein!
Wo ich bin, wo ich gehe, mein Herz ist am Rhein!

In den politisch bewegten Zeiten des Vormärz verband Müller die revolutionäre Forderung nach nationaler Einheit hauptsächlich mit der Hoffnung auf großzügigere Kulturentfaltung. Trotz einer phasenweise radikal-liberalen Haltung blieb er ein begeisterter Anhänger des preußischen Königshauses – eine Haltung, die ihn die Niederlage der demokratischen Bewegung offenbar leicht verschmerzen ließ und die sich in begeisterten Lobpreisungen niederschlagen konnte – so etwa am Schluss des 1860 veröffentlichten Gedichts „Führ uns, o Hohenzoller":

Ein deutsches Land in Waff' und Ehr,
Ein deutscher Fürst, ein deutsches Heer,
Ein Deutschland einig, machtvoll, hehr,
Führ uns, o Hohenzoller!

Die politische Wende Müllers spiegelt sich vielleicht am deutlichsten in seiner Haltung zu Heinrich Heine: Zu dessen Lebzeiten verehrt er den populären Dichter und seine kritischen Texte, und er ist stolz darauf, ihn 1842 und 1847 in seiner Pariser Wahlheimat besuchen zu dürfen. Unmittelbar nach Heines Tod jedoch – am 17. Februar 1856 – verfasst er unter Pseudonym das Traktat „Heinrich Heines Höllenfahrt". Vordergründig als Persiflage im Stil von Heines „Wintermärchen" lässt er den Dichter selbst sprechen und sein – Müllers eigenes – vernichtendes Urteil verkünden. In betont schlichter Diktion zielt dieses Werk auf posthume Verunglimpfung. Schon die ersten Strophen lassen daran keinen Zweifel:

Macht auf, macht auf das Höllentor!
Ich bin der Heinrich Heine!
Sankt Peter am Himmel wies mich ab,
Ich muss zu der dunkeln Gemeine.

Ich muss hinab in die Unterwelt,
hab' nicht den Himmel erworben,
Vielleicht weil in den Champs Elisées
Ich einst gelebt und gestorben.

Mein Himmel war das lust'ge Paris
Lutetia war mein Leben,
Und wenn ihr das Wort mit Koth übersetzt,
So lebt' ich im Kothe eben.

Die Idee zur Errichtung eines Denkmals für *den rheinischen Sänger* Wolfgang Müller ging 1894 – rund 20 Jahre nach seinem Tod am 29. Juni 1873 – von dem Kölner Regierungsrat Joseph Joesten aus (s. Beitrag „Das Gottfried-Kinkel-Denkmal..."). Unterstützung fand er in Kölner Patrizierkreisen, darunter auch zahlreiche mit dem Ehepaar Müller verwandtschaftlich verbundene Familien. Frühzeitig nahmen die Initiatoren Kontakt zu dem Berliner Bildhauer Otto Lessing (1846-1912) auf, einem Sohn des ehedem mit Müller befreundeten Düsseldorfer Malers Carl Friedrich Lessing (1808-1880), dessen Pate er gewesen war. Nachdem Kritiker des Denkmalprojekts schon von einem „Familiendenkmal" sprachen, entbrannte zusätzlich ein Streit um den Aufstellungsort. Das Königswinterer „Lokal-Comitee für die Errichtung des Wolfgang-Müller-Denkmals" plädierte für einen Rheinufer-Platz im nördlichen Altstadtbereich, wo allerdings die Ausbauarbeiten der Promenade

„Mysterium", 1844

Handschriftliches Gedicht von Wolfgang Müller für Ida Lessing (1817-1880)

Das Gedicht gilt der Ehefrau von Carl Friedrich Lessing (1808-1880) und verherrlicht die bevorstehende Geburt ihres ersten Kindes. Es belegt die enge Beziehung Müllers zur Familie des Düsseldorfer Malers, von dessen zweitem Kind, dem Sohn Otto, Wolfgang Müller 1846 Pate werden wird.

Siebengebirgsmuseum/Heimatverein Siebengebirge

Ritter Udo vom Drachenfels

Denkmal-Entwurf, Zeichner unbekannt, 1895 (Reproduktion)

Der fiktive „Ritter Udo" stand im Zentrum einer fingierten Denkmal-Enthüllung der Kölner „Funken" am 15. Juli 1895.

Siebengebirgsmuseum/ Heimatverein Siebengebirge

erst in den Anfängen steckten. Aus diesem Grunde forderte das Kölner „Comitee" einen würdigeren Ort weiter südlich am Zusammentreffen der Hauptstraße mit der Rheinpromenade, dem damaligen Augusta-Platz. Es ging sogar so weit, den Königswinterern eine Verlegung des Aufstellungsortes nach Köln anzudrohen – bis diese schließlich einlenkten und den Kölner Wünschen nachkamen.

Diese Kontroversen bescherten dem Königswinterer Publikum nicht nur starke Resonanz in der örtlichen und in der Kölner Presse, sondern auch einen besonders kuriosen Auftritt: Am 15. Juli 1895 unternahmen zahlreiche Kölner „Funken" eine Rheinfahrt mit dem Ziel, an der Königswinterer Rheinpromenade eine Denkmal-Karikatur aufzustellen. Wie das „Echo des Siebengebirges" berichtete, traten sie mit großem Pomp in Königswinter auf: *Es war eine bunte Schar, die dem Schiff entstieg, die Funken in voller Kriegsuniform, mit Flinten, Säbeln und Standarten, mit Herolden und Pagen. Ihnen zugesellt hatte sich eine große Anzahl von Vereinsdeputationen.* Mit sich führten sie *ein mächtiges Postament und eine verhüllte, sehr lange Figur – und dieser ganze bunte tolle Troß ordnet sich zu einem gewaltigen Aufzuge, das Musikcorps in altdeutscher Tracht an der Spitze. Es geht den Rhein hinauf, die Hauptstraße abwärts, durch die Bahnhofstraße und wieder zurück zum Rheinufer.* Dort endlich erschließt sich der Zweck des „Funken"-Auftritts: *Sie haben von dem weltgeschichtlichen Rede- und Federturnier gehört, das in Königswinter zwischen dem „Süden" und dem „Norden" um das Wolfgang-Müller-Denkmal getobt hat. Bekanntlich ging der „Süden" als Sieger hervor und nun wallte das gefühlvolle Herz der Funken auf:* „Der Norden soll auch ein Denkmal haben", *so erklang es im Lager laut und immer lauter:* „Wir setzen ihm ein solches, wir setzen ihm ein Denkmal des hochedlen Ritters Udo vom Drachenfels".

Eine Intensivierung der Spendenaufrufe hatte schließlich Erfolg, und am 29. Juni 1896 – Müllers Todestag – wurde ein pompöses Einweihungsfest unter Mitwirkung von Gesangsvereinen aus Köln und Königswinter und im Beisein hoher politischer Vertre-

Die deutsche Malerkunst

Titelblatt zum Düsseldorfer Künstler-Album 1860
Caspar Scheuren (1810-1887); Farblithographie

Das von Müller von Königswinter editierte Album hatte keine dezidiert politischen Ambitionen, es war eine lose Zusammenstellung von Berichten, Essays und Illustrationen. Es gelang aber dem Herausgeber, nahezu alle Düsseldorfer Künstler an den Illustrationen zu beteiligen.

Siebengebirgsmuseum/Heimatverein Siebengebirge

Rheinsagen

Titelblatt zum Düsseldorfer Künstler-Album 1860
Caspar Scheuren (1810-1887); Farblithographie

Siebengebirgsmuseum/ Heimatverein Siebengebirge.

ter bis hin zum Oberpräsidenten der Rheinprovinz gefeiert. Mündlicher Überlieferung zufolge gab es aber weitere Hindernisse, die vorher überwunden werden mussten. So entzündete sich eine Debatte an der bildlichen Darstellung der Loreley auf dem Denkmalsockel, die manchen Königswinterer Bürgern und Autoritäten zu freizügig geraten war. Auch gab es Schwierigkeiten bei zwei Lieferungen: Die vier Reliefplatten für den Sockel trafen verspätet erst Mitte September ein, und beinahe wäre sogar die Büste des Dichters zu spät geliefert worden – sie soll wegen eines Lesefehlers angeblich zunächst nach Königsberg statt nach Königswinter geliefert worden sein.

Das Denkmal selbst ist ein typisches Beispiel für die patriotischen Monumente jener Zeit. Diese Art des Gedenkens spiegelt sich in der Gestaltung des Sockels: Seine vier Seiten zieren bronzene Reliefs mit volkstümlichem Inhalt: die Loreley, Siegfried mit dem Drachen, der „Vater Rhein" und der legendäre Kölner Reitergeneral Jan von Werth. Darunter finden sich vier Inschriftenfelder, die – neben der Widmungsangabe *Dem rheinischen Dichter Wolfgang Müller von Königswinter* und der bekannten Müllerschen Liedzeile *Wo ich bin wo ich gehe mein Herz ist am Rhein* – patriotische Aussagen wiedergeben: *Ich hielt am deutschen Wesen – ich hielt an deutscher*

Das Wolfgang-Müller-Denkmal am ursprünglichen Standort
Ansichtskarte, vor 1925
Siebengebirgsmuseum/ Heimatverein Siebengebirge

Art sowie *Ich lieb und ehr vor allen mein deutsches Vaterland*.

Der Bericht von der pompösen *würdigen nationalen Feier* zur Denkmalenthüllung mit vielen patriotischen Beiträgen bestätigt die große Beliebtheit derartiger Zeremonien, zugleich aber auch die eigentliche Zweckbestimmung des Denkmals. Es würdigt vordergründig einen Dichter, der bereits wenige Jahrzehnte später weitgehend in Vergessenheit geraten wird. So stellt Cornelius Gurlitt 1924 fest: *Ganz Deutschland ist übersät mit den allerlangweiligsten Königen, Generälen, Kirchenfürsten, Staatsmännern, Dichtern, Gelehrten und Künstlern, um die sich im Grunde von dem Augenblicke an, in dem die Bildsäule enthüllt ist, kein Mensch mehr kümmert.* Immerhin hat das Wolfgang-Müller-Denkmal die Zeiten überdauert. Verschiedene Baumaßnahmen – darunter der Bau der Straßenbahn-Trasse und Änderungen der Verkehrsführung – hatten mindestens zwei Umsetzungen zur Folge. Dabei geschah eine Verdrehung des Inschriftensockels um 90 Grad, so dass die Widmungsinschrift heute seitlich anstatt frontal unter dem Konterfei des Dichters erscheint. Der Standort ist heute aber wieder nahe seinem ursprünglichen Platz, und in der ursprünglichen Ausrichtung schaut der Dichter rheinabwärts gen Köln.

Literatur und Quellen

Gurlitt, Cornelius: Die deutsche Kunst seit 1800. Ihre Ziele und Taten, Berlin 1924 (zitiert nach: Kuhn, a.a.O., S. 211) – Hardenberg, Theo und Winfried Biesing: „In der Welt" zu Königswinter und rundherum. Ein Stück geschichtlicher Ortskunde, Königswinter 1985 – Kuhn, Jörg: Otto Lessing (1846-1912), Bildhauer, Kunstgewerbler, Maler. Leben und Werk eines Bildhauers des Späthistorismus, unter besonderer Berücksichtigung seiner Tätigkeit als Bauplastiker, Berlin 1994 – Luchtenberg, Paul: Wolfgang Müller von Königswinter, 2 Bde, Köln 1959 – van Rey, Manfred: Wolfgang Müller von Königswinter (1816-1873), in: ders. (Hg.): Edition „Königswinter in Zeit und Bild", Königswinter 1992 ff. (4. Teillieferung)

Siebengebirgsmuseum, Archiv des Heimatvereins Siebengebirge e.V., Mappe 47 – Echo des Siebengebirges, Jg. 1896. Besonderer Dank gilt Herrn Günter Hank, Königswinter, für die Mitteilung eigener Recherchen und mündlicher Überlieferungen.

Wolfgang Müller von Königswinter – ein liberaler Patriot

Das Denkmal heute
Ansicht von Südost
Axel Thünker, 2015

Hermann Rösch

Das Gottfried-Kinkel-Denkmal in Oberkassel

„Dem Dichter und nicht dem Politiker"

Gottfried-Kinkel-Denkmal, Oberkassel
Axel Thünker, 2014

Dem Dichter und nicht dem Politiker

Gottfried Kinkel als Abgeordneter
1849 in der 2. Preußischen Kammer in Berlin, für den Demokratischen Verein; Bildunterschrift: „Wir kennen keine Feinde, nur Gegner. Gottfried Kinkel"
Archiv des Rhein-Sieg-Kreises, Siegburg

Im heutigen Bonn-Oberkassel steht an der Königswinterer Straße gegenüber dem Lippeschen Palais ein Denkmal für Gottfried Kinkel, der wenige Meter entfernt am 11. August 1815 als Sohn des evangelischen Pfarrers geboren wurde. Die Errichtung des Denkmals im Jahre 1906 war von heftigen Kontroversen begleitet, die öffentlich ausgetragen wurden. Im Kern ging es um die Frage, ob das Denkmal ausschließlich dem Dichter oder auch dem Politiker Kinkel gewidmet sein solle.

Nachdem sich das 1871 gegründete Deutsche Kaiserreich konsolidiert hatte, gab es Bestrebungen, den alten Zwist zwischen Rheinländern und Preußen zu schlichten. Einer der Protagonisten war der preußische Regierungsrat Joseph Joesten, Rheinländer von Geburt, dabei kaisertreu und deutschnational. Joesten zielte darauf, durch Vorträge und Veröffentlichungen die besondere Qualität der rheinischen Kultur und Literatur herauszustreichen; dabei verschwieg er keineswegs Konflikte zwischen den häufig als Besatzer empfundenen Alt-Preußen und den sog. Rheinpreußen.

Die wesentliche Botschaft aber war, dass mit der Gründung des Kaiserreichs diese Unstimmigkeiten als beigelegt gelten und die Rheinländer sich nunmehr als vollwertiges Glied „im Reigen deutscher Stämme" der Führung des Hohenzollern-Kaisers unterordnen sollten. Eine wichtige kulturpolitische Strategie bestand darin, rheinischen

Literaten Denkmäler zu setzen und so die Zustimmung der Geehrten zu den aktuellen politischen Verhältnissen zu suggerieren. So rühmte Joesten 1904, dass man am Rhein rheinischen Dichtern wie Nikolaus Becker, Wolfgang Müller von Königswinter oder Karl Simrock ein Denkmal gesetzt habe und beklagte zugleich, Kinkel sei bisher vergessen worden. Verwundern konnte dies keineswegs, denn Kinkel, der überzeugte Demokrat und „rote" Republikaner, ließ sich nicht so ohne Weiteres politisch für das Kaiserreich vereinnahmen. Aber Joesten fand einen Ausweg. Als Vorsitzender des Ausschusses für die Errichtung eines Kinkel-Denkmals in Oberkassel publizierte er im Januar 1904 einen Aufruf, in dem es hieß:

Fahne der Bonner Revolutionäre 1848

Diese Fahne schwang Kinkel bei der Demonstration vor dem Bonner Rathaus im März 1848.

Stadtmuseum Bonn

Die meisten dieser Dichter hat das deutsche Volk in den letzten Jahrzehnten [...] in Erz und Stein verewigt: als Restschuld ist ihm die Ehrung Gottfried Kinkels, des unvergeßlichen Sängers des Otto der Schütz, geblieben, eine Ehrenschuld, die dem Dichter und nicht dem Politiker Kinkel abzutragen ist. Der durch seine politischen Irrgänge schwer genug geprüfte Mann hat noch an seinem Lebensabende keinen sehnlicheren Wunsch gehabt, als dass man ihn wieder zum Deutschen werden ließe mit Deutschen.

Dieser Aufruf, der den Zweck hatte, Spenden für das Denkmal zu akquirieren, stieß im linksliberalen Lager auf Widerspruch. Unter dem Titel „Ein sonderbarer Aufruf" hieß es im März 1904 in der angesehenen „Frankfurter Zeitung":

Da hätte man es [...] unterlassen können, [...] zu betonen, daß die Ehrenschuld nicht an den Politiker Kinkel, sondern den Sänger des Otto der Schütz abzutragen sei. Dies Epos begeistert heute wohl nur noch Lokalpatrioten an der Sieg und Backfische. Unvergeßlich aber ist Kinkel durch andere poetische Leistungen geworden und volksthümlich gerade durch seine politische Verirrung, über die man im Aufruf mitleidig lächelnd aburtheilt. Kinkel aber würde sich den Denkstein, für den man mit solchen Wendungen das Geld zusammensucht, entschieden verboten haben.

Dem Dichter und nicht dem Politiker

Einweihung des Kinkel-Denkmals in Oberkassel

Aufnahme 1906

Heimatverein Oberkassel

Ansicht des Kinkel-Denkmals in Oberkassel

Ansichtskarte 1906

Heimatverein Oberkassel

Ein kurzer Blick auf Kinkels Leben und Werk mag diese empörte Replik erklären. Kinkel, der 1882 in Zürich gestorben war, hatte zeitlebens polarisiert und immer wieder für Aufsehen gesorgt. In der zweiten Hälfte des 19. Jahrhunderts gehörte er zu den bekanntesten Persönlichkeiten Deutschlands.

Diese Prominenz verdankte er seinen vielfältigen Talenten, jedoch ohne Zweifel in noch viel stärkerem Maße seinem abenteuerlichen Schicksal. Als Verfasser spätromantischer, aber auch politisch aufbegehrender Gedichte sowie eines Bestsellers mit dem Titel „Otto der Schütz" hatte er sich als Dichter einen Namen gemacht. Dauerhaft in die Schlagzeilen geraten aber war er durch seine Rolle in der Revolution von 1848/49. Schon in den 1840er Jahren hatte die restaurative Politik des preußischen Königs Friedrich Wilhelm IV. das Missfallen des Rheinländers Kinkel erregt.

Anfangs noch moderaten Reformvorstellungen verhaftet, radikalisierte sich Kinkel schon bald nach Ausbruch der Revolution. Er wurde Vorsitzender der Bonner Demokraten und galt bald als „roter Republikaner", der sozialistischen Vorstellungen anhing. Im Frühjahr 1849 wurde er als Bonner Abgeordneter in die preußische 2. Kammer gewählt und lieferte sich dort heftige Wortgefechte mit Otto von Bismarck. Als die Errungenschaften der Revolution durch das Wiedererstarken der feudalen Kräfte in Gefahr gerieten, schloss sich Kinkel als einfacher Soldat den aufständischen Truppen in der Pfalz und in Baden an. Ende Juni 1849 fiel er preußischen Truppen in die Hände und wurde zu lebenslänglicher Zuchthaushaft verurteilt. Neben Robert Blum galt er als der Märtyrer der Revolution. Im November 1850 gelang es seinem Schüler und Freund Karl Schurz, den inhaftierten Kinkel in einer abenteuerlichen Aktion aus dem Zuchthaus Spandau zu befreien. Beiden gelang die Flucht nach London. Kinkel blieb zeitlebens im Exil: zunächst in London, von 1866 bis zu seinem Tode in Zürich. Obwohl er später wieder die Möglichkeit gehabt hätte, nach Deutschland zurückzukehren, entschied er sich 1875, die schweizerische Staatsbürgerschaft anzunehmen.

Kinkels Verhältnis zu Preußen war ambivalent. In seiner Autobiographie drückt er Genugtuung darüber aus, dass das ehemals französische Rheinland kurz vor seiner Geburt von dieser Fremdherrschaft „befreit" worden sei. Die auf dem Wiener Kongress beschlossene Eingliederung der Rheinlande in das Königreich Preußen scheint ihn lange Zeit nicht gestört zu haben. Von einem Studienaufenthalt im großstädtischen Berlin 1834/35 kehrte er begeistert nach Bonn zurück.

Eine kritische Haltung gegenüber der engstirnigen Politik des preußischen Herrschers nahm er seit den frühen 1840er Jahren ein. Die typisch preußische Mentalität charakterisierte er als freudlos und verknöchert konservativ. Sich selbst hingegen beschrieb er als lebensfrohen Rheinländer, der im rheinischen Karneval als Büttenredner auftrat. Das preußische Königtum stellte aus seiner Sicht das Haupthindernis dar für die ersehnte Vereinigung des in viele Kleinstaaten zersplitterten deutschen Territoriums zu einem einheitlichen Nationalstaat und für die Einführung moderater parlamentarischer Formen in einer konstitutionellen Monarchie. Während der Revolution spitzte sich seine Ablehnung alles Preußischen zu: Jetzt war er überzeugt, dass die revolutionären Ziele (nationale Einheit, demokratische Republik und Sozialismus) nur im bewaffneten Kampf gegen Preußen zu verwirklichen seien. Bismarck rief er in einer Parlamentsrede zu: *Wir werden den Geist, den Hunger, die Noth, das Proletariat und den Zorn des Volkes in den Kampf führen.*

In der Emigration hegte Kinkel noch einige Zeit die Hoffnung, die Revolution werde bald wieder aufflammen, um dann siegreich vollendet zu werden. Bald aber kehrte Ernüchterung ein. Kinkel nahm nun ge-

Blick aus dem Hof des Fürsten zur Lippe in Oberkassel
Aufnahme ca. 1925
Heimatverein Oberkassel

Ansicht des Kinkel-Denkmals in Oberkassel
Aufnahme 1926
Heimatverein Oberkassel

genüber Preußen aus strategischen Gründen eine veränderte Haltung ein: In den 1860er Jahren war er überzeugt, Deutschland müsse zunächst geeint werden; dann werde sich die Republik zwangsläufig einstellen. Die Wiederbegründung eines deutschen Reiches traute er allein Preußen zu Manche seiner Anhänger waren irritiert, als Kinkel in den 1860er Jahren Mitglied des Deutschen Nationalvereins wurde, der für einen kleindeutschen Staat unter preußischer Führung eintrat. Intern hatte Kinkel nie einen Zweifel aufkommen lassen, dass seine Unterstützung Preußens zu diesem Zeitpunkt ausschließlich strategischer Natur war. Der Öffentlichkeit gegenüber stellte er dies in seinem 1868 veröffentlichten Gedicht „Le bon diable" klar.

Schon bald sah er sich getäuscht. Der Sieg deutscher Truppen im Krieg gegen Frankreich und Bismarcks erfolgreiche Politik der Reichseinigung führten zu einem Kaiserreich, dessen obrigkeitsstaatliche Verfassung er strikt ablehnte. Bis zu seinem Tode änderte sich an dieser schroffen Ablehnung des „preußifizierten" Deutschland nichts. Wenige Monate vor seinem Tod schrieb Kinkel von einer Deutschlandreise:

Überall große Freundlichkeit [...] und Bekenntniß, daß ich Recht gehabt und das vergrößerte Corporalstockpreußenthum, das man Deutsches Reich nennt, damals nicht bejubelt habe.

In einem Nachruf der angesehenen „Augsburger Allgemeinen Zeitung" wurde Kinkel hingegen wegen seiner konsequent republikanischen Gesinnung rüde gescholten:

Im Jahre 1866 erklärte er sich für Preußen ... Um so widerwärtiger – es darf und soll nicht verhehlt werden – contrastirte damit sein Verhalten 1870/71. [...] Die vaterlandslosen Äußerungen, welche er damals gethan haben soll oder wirklich gethan hat, mag ich nicht wiederholen.

Das Denkmalkomitee unter Joestens Vorsitz ließ sich weder von den biographischen Fakten noch von den in der „Frankfurter Zeitung" erhobenen Einwänden beeindrucken. Am 29. Juni 1906 wurde das Denkmal eingeweiht und trägt seither die Aufschrift: *Dem rheinischen Dichter Gottfried Kinkel – Das deutsche Volk.*

Es wäre wirklich an der Zeit, mit einer Zusatztafel am Denkmal daran zu erinnern, welche Rolle Kinkel als Vorkämpfer von Demokratie, Republik und sozialem Ausgleich gespielt hat.

Literatur und Quellen

Beyrodt, Wolfgang: Gottfried Kinkel als Kunsthistoriker, Bonn 1979, S. 234-237 – Großjohann, Klaus et al.: Das Gottfried-Kinkel-Denkmal aus historischer und kunsthistorischer Sicht. Dokumente und Darstellungen, Bonn-Oberkassel [Sept. 2015] – Joesten, Joseph: Das Gottfried Kinkel-Denkmal, in: Kölner Tagblatt. Nr. 1000, 23.12.1905 – Joesten, Joseph: Gottfried Kinkel. Sein Leben, Streben und Dichten für das deutsche Volk, Köln 1904, S. 106f. – Kissel, Franz: Das Kinkel-Denkmal in Oberkassel. Erinnerung an seine Errichtung und zeitgenössische Stimmen dazu, in: Heimatblätter des Siegkreises 28(1960), S. 21f. – Rösch-Sondermann, Hermann: Gottfried Kinkel als Ästhetiker, Politiker und Dichter, Bonn 1982, S. 11f., S.335-337 – Rösch, Hermann: Gottfried Kinkel. Dichter und Demokrat, Königswinter 2006 – Scherr, Johannes: Gottfried Kinkel, in: Allgemeine Zeitung (Augsburg). Nr. 355, 21.12.1882, S. 5233-5234; Nr. 356, 22.12.1882, S. 5250-5252; Nr. 357, 23.12.1882, S. 5267-5268 – Ein sonderbarer Aufruf. In: Frankfurter Zeitung. 48. Jg., Nr. 63, 3. März 1904, S.1

Gottfried Kinkel

Lithographie, 1849

Das Blatt entstand im Zusammenhang mit öffentlichen Aufrufen für die Freilassung Kinkels aus dem Gefängnis – mit dem Motto „Kein Kerker bannt den Geist in Fesseln".

Privatbesitz

Fahndungsliste, 1848/49

Unter der Überschrift *Mitglieder des Oberdollendorfer Demokratischen Clubs und sonstige derartige Vögel* wird nach 28 Bürgern gefahndet, die mit einem von Gottfried Kinkel gebildeten Zirkel in Verbindung gebracht werden. Zum letztgenannten Namen heißt es:
Peter Bonn Jr. Ordonnanz bei Kinkel.

Stadtarchiv Königswinter

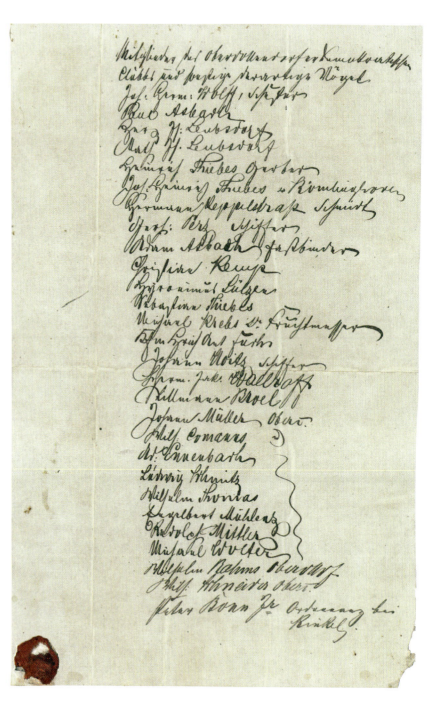

Inge Steinsträsser

Bismarck-Mythos im Siebengebirge und in der Region

„Durch Pechfackeln oder elektrische Kraft beleuchtet"

Bismarck-Turm, Rheinaue Bonn
Axel Thünker, 2014

Durch Pechfackeln oder elektrische Kraft beleuchtet

Der Godesberger Bismarck-Turm
Ansichtskarte, um 1925 (?)
Archiv und Wissenschaftliche Bibliothek, Bonn

Schon zu Lebzeiten wurde Otto von Bismarck von den einen verehrt und von den anderen gehasst, schreibt der Historiker Volker Ullrich in seinem Beitrag „Grollend geliebt" anlässlich des 200. Geburtstages des bis heute umstrittenen Politikers. Die Urteile über ihn bewegen sich zwischen Heroisierung und Dämonisierung, und erst in den letzten Jahren ist der Geschichtsschreibung eine kritische Betrachtung der Persönlichkeit Bismarcks unter den Bedingungen seiner Zeit gelungen. Otto Fürst von Bismarck (1815-1898) ist im kollektiven Gedächtnis der Deutschen tief verankert und vor allem verbunden mit dem Ringen um die Vormachtstellung Preußens gegenüber Österreich im 19. Jahrhundert, mit den deutschen Einigungskriegen und schließlich mit der Gründung des Deutschen Reiches von 1871. Aber auch Sozialgesetzgebung und „Kulturkampf" (s. Beitrag „Im Kulturkampf") sind unübersehbar mit dem Namen Bismarck verknüpft.

Schon nach Bismarcks Rückzug aus der aktiven Politik setzten eine Mythologisierung und ein deutschlandweiter Personenkult ein, der zum Teil groteske Blüten trieb. Neben zahlreichen Bismarck-Höhen, Bismarck-Felsen, Bismarck-Gruben erfasste der Kult auch den Nahrungs- und Genussmittelbereich und reichte von Bismarck-Zigarren zu Bismarck-Äpfeln, Bismarck-Gurken und Bismarck-Heringen u.a.m. Die Erinnerung an Bismarck sollte vor allem die nationale Geschlossenheit in der Bevölkerung festigen. Zu diesem Zwecke wurden über 300 Bismarck-Vereine gegründet, die u.a. die Errichtung von Bismarck-Denkmälern und -Türmen anregten. Finanziert wurden diese Projekte durch Spendensammlungen und durch Feste und Veranstaltungen. Von den über 410 geplanten Bismarck-Türmen wurden wegen des 1914 beginnenden Ersten Weltkrieges „nur" 240 Türme verwirklicht. Davon sind heute noch 173 erhalten.

Die Bismarck-Verehrung als religiöser Kult und Nationalmythos geriet vielfach zum Ausdruck nationaler Überheblichkeit und erreichte im Führerwahn des Nationalsozialismus ihren makabren Höhepunkt. Die Erinnerung an den ehemaligen preußischen Ministerpräsidenten und ersten Kanzler des Deutschen Reiches, dem man den Beinamen „Eiserner Kanzler" gab, ist auch in den Rheinlanden immer noch durch augenfällige Monumente präsent.

Das Bismarck-Denkmal auf dem Augustinerplatz in Köln war nach Bad Kissingen das zweite öffentliche Bismarck-Denkmal im Deutschen Reich. Es wurde 1879 enthüllt, ging jedoch in den Wirren des Zweiten Weltkrieges verloren. Bismarck-Türme in der Region existieren noch in Köln-Bayenthal, Bonn, Altenkirchen und Rengsdorf (Landkreis Neuwied). Der erste der insgesamt drei Bonner Türme entstand 1894 am Rande des Exerzierplatzes auf dem Venusberg. Es handelte sich um eine Stiftung des Tuchfabrikanten Ernst Rolffs aus Poppelsdorf. Der 1912 wegen Baufälligkeit abgerissene Holzturm wies eine Höhe von 15,3 m auf. Er besaß zwei Aussichtsplattformen mit weitem Blick ins Rheintal, ins Siebengebirge und in die Eifel.

In der Rheinaue befindet sich der ältere der beiden noch vorhandenen Türme. Ausgehend von einem Wettbewerb der „Deutschen Studentenschaft" im April 1899, hatte der Architekt Wilhelm Kreis einen Bismarck-Turm-Typus entworfen, der unter dem Namen „Götterdämmerung" an insgesamt 47 Orten des Deutschen Reiches errichtet wurde. Kreis ist auch der Künstler des Denkmals „Schlafender Löwe" in Bad Honnef, welches in Erinnerung an das Rheinische Fußartillerie-Regiment Nr. 8 und dessen 1500 Gefallene des Ersten Weltkrieges im Jahre 1927 geschaffen wurde (s. Beitrag „Kriegergedenken..."). Die Feuersäulen vom Typ „Götterdämmerung" sind gekennzeichnet durch einen quadratischen Grundriss, einen mehrstufigen Unterbau mit einfach gehaltenem Sockel, Ecken aus vier Säulen, ein kapitellartiges Gesims mit Überbau für die Feuerschale. Die einheitlich geplante Befeuerung der Türme (*Flammen über ganz Deutschland zu Ehren Bismarcks* an bestimmten nationalen Gedenktagen), war von der deutschen Studentenschaft vorgesehen.

Die Grundsteinlegung für den Turm in der Rheinaue, der erste des Typus „Götterdämmerung" im Rheinland, erfolgte am 21. Juni 1900 auf Anregung der Burschenschaft Alemannia mit Unterstützung eines liberalen Bonner Bürgervereins. Das Grundstück stellte die Stadt Bonn kostenlos zur Verfügung, die Finanzierung erfolgte durch Spenden. Die Oberbauleitung lag bei Stadtbaurat Rudolf Schultze unter Beteiligung des Architekten Hans Bloemers. Der 13 m hohe Turm aus Niedermendiger Basaltlava zeigt zur Rheinseite ein Relief aus Trachyt mit dem Reichsadler und dem Wappen

Bismarck-Denkmal auf dem Augustinerplatz in Köln
Fotografie, 1892
Kölnisches Stadtmuseum

Durch Pechfackeln oder elektrische Kraft beleuchtet

Bismarck-Denkmal für die Erpeler Ley, 1911
Zwei Farblithographien
Kölnisches Stadtmuseum

Bismarcks. Auf der Spitze befindet sich die rechteckige schmiedeeiserne Feuerschale, welche am Einweihungstag, dem 18.1.1901 *beim letzten Wintersonnenlicht* mit Holz, Teer und Petroleum befeuert wurde. Der feierliche Festakt unter Beteiligung vieler Studenten und Honoratioren des öffentlichen Lebens endete mit einem Fackelzug und einem abendlichen Kommers. Anlässlich der 2000-Jahr-Feier der Stadt Bonn wurde das Bauwerk 1989 durch eine Spende der Deutschen Atochem-Werke saniert.

Der dritte der Bonner Bismarck-Türme befindet sich im damals noch selbstständigen Bad Godesberg. Der Turm aus grobkörnigem braungelbem Rehborner Sandstein wurde 1901/1902 von Regierungsbaumeister Ernst Spindler, Berlin, entworfen. Die achteckige Säule ist 20,40 m hoch und besitzt eine Aussichtsplattform mit Befeuerungsmöglichkeit. Ausgehend von der Initiative des „Bismarck-Denkmal-Comitees zu Godesberg am Rhein" unter Vorsitz des Geheimen Medizinalrates Dr. Bernhard Brandis, wählte man als Standort die Wacholderhöhe im Süden von Godesberg, gegenüber der von der Heydt-Villa (Stella Rheni).

An der Finanzierung war hauptsächlich die Spitze der damaligen Godesberger Gesellschaft beteiligt, u.a. Bankier Karl von der Heydt, Commerzienrat Arthur Camphausen, Otto und Wilhelm Deichmann, Freiherr Franz von Rigal sowie der Schokoladenfabrikant Peter Joseph Stollwerck. Die feierliche Einweihung fand in den Abendstunden des 31. März 1902 (Ostermontag) statt. Ein Festzug, bestehend aus zahlreichen Abordnungen der Bonner Studentenschaft, heimischen Vereinen, Feuerwehr, Gemeinderat, Bürgermeister Anton Dengler, Ehrengästen und Festausschuss, zog vom Kurpark zum Bismarck-Turm. Das Bauwerk wurde 1988 *als deutlich vom Jugendstil Henry van de Veldes beeinflusst* unter Denkmalschutz gestellt. Aus Sicherheitsgründen ist der Turm für die Öffentlichkeit nicht zugänglich.

Nachdem die Germania des Niederwalddenkmals bei Rüdesheim als Symbol für die Einigung Deutschlands galt und das Kaiser Wilhelm-Reiterstandbild am Deutschen Eck in Koblenz die Verdienste des Regenten für die Reichseinigung dokumentieren sollte, wurde anlässlich des 100. Geburtstages des Reichskanzlers am 1. April 1915 ein Bismarck-Nationaldenkmal am Rhein ins Auge gefasst und im Jahre 1910 ein allgemeiner Wettbewerb dafür ausgeschrieben. Als Sieger ging der Entwurf des renommierten Bildhauers Hermann Hahn hervor. Um den vorgesehenen Standort auf der Elisenhöhe in Bingerbrück entbrannten jedoch heftige Diskussionen. Daher witterten die Stadtväter von Königswinter die Chance, das Siebengebirge ins Gespräch zu bringen. Mit Kritik am Standort Elisenhöhe wurde nicht gespart. Man bezeichnete den Hintergrund für ein Denkmal in Bingerbrück als *unschön* und fand es *taktlos*, dem Niederwalddenkmal und dem viel kleineren Kaiser Wilhelm-Denkmal ein *in viel größeren Dimensionen* gehaltenes Bismarck-Denkmal gegenüber zu stellen.

Das „Echo des Siebengebirges" warb im Januar 1910 für einen neuen Standort auf dem

Plateau der Wolkenburg: *Der preisgekrönte Entwurf von Prof. Hermann Hahn, welcher eine runde Wandelhalle darstellt, würde doch ausgezeichnet wirken [...]. Denken wir uns auf der Spitze der Wolkenburg diese runde Halle, welche dem Blick nach allen Seiten Freiheit lässt – denken wir, wie in hellen Nächten zur Feier eines Gedenktages, diese wahrscheinlich in weißem Marmor gehaltene – durch Pechfackeln oder elektrische Kraft beleuchtete Bismarckburg ins Land hinausstrahlen würde. Man wird zugeben, dass ein schönerer Platz für so ein weihevolles Denkmal nicht gefunden werden kann.*

Im Juni 1911 kam auch die Insel Grafenwerth ins Spiel. Der Standort, mitten im Strom, *rheinumschlungen*, gleichzeitig *bergumrahmt* von den umgebenden Kuppen des Siebengebirges, schien wegen seiner *vielen und seltenen Vorzüge* ein idealer Denkmalplatz. Als darüber hinaus auch die Erpeler Ley als Ort für das gigantische Denkmal angepriesen wurde, protestierten aufgebrachte Gegner aus katholischen Kreisen, die noch unter dem Eindruck des Kulturkampfes standen: *Wir haben nichts dagegen, wenn in protestantischen Gegenden Bismarck-Denkmäler errichtet werden, aber in einer katholischen Gegend ein Denkmal demjenigen zu bauen, welcher als Vater des unglückseligen Kulturkampfes gilt [...] ist doch eine starke Zumutung.* In die Diskussion brachte sich auch der Berliner Architekt E. Becker ein, der einen Standort am Rhein in unmittelbarer Nähe zu Königswinter und Bad Godesberg befürwortete.

Ein Bismarck-Nationaldenkmal im Rheinland wurde schließlich nirgendwo gebaut.

Alle Ideen scheiterten an den Kontroversen um den Wettbewerb, an der unzureichenden Finanzierung und an den Bürgerprotesten. Letztlich vereitelte der Ausbruch des Ersten Weltkrieges eine Verwirklichung der Pläne. Die Erinnerung an das Bismarck-Nationaldenkmal im Siebengebirge, die Tatsache, dass die beiden Bismarck-Säulen in Bonn noch erhalten und denkmalpflegerisch betreut werden, machen deutlich, dass Verschwinden, Negieren, Umwidmen oder Verschweigen einer vergangenen geschichtlichen Epoche keine Lösung sind. Sichtbare Denkmäler bieten die Möglichkeit zur kritischen Auseinandersetzung. Die Bismarck-Türme laden dazu ein, sich der Persönlichkeit des „Eisernen Kanzlers" abseits der ehemals kultischen Verehrung zu nähern, den Mythos zu durchbrechen und den Blick auf die gesamte Lebensleistung einer historisch bedeutsamen, obgleich widersprüchlichen Persönlichkeit zu richten.

Literatur und Quellen

Hinz, Paulus: Der eiserne Kanzler auf der Höhe, in: rheinkiesel, Juni 2012, S. 11 – Seele, Sieglinde: Lexikon der Bismarck-Denkmäler. Türme, Standbilder, Büsten, Gedenksteine und andere Ehrungen. Eine Bestandsaufnahme in Wort und Bild, Petersberg 2005 – Stang, Erhard: Wie die Godesberger zu ihrem Bismarck-Turm kamen - "ein bescheidenes Plätzchen im Hintergrund", in: Bonner Geschichtswerkstatt (Hg.): Wie herrlich duftet es hier nach Eau de Cologne, Bad Godesberg – ein historisches Lesebuch, Bonn 2008 – Ullrich, Volker: Otto von Bismarck, „Grollend geliebt", in: ZEIT Geschichte Nr. 04/2014

Echo des Siebengebirges, Amtliches Publikationsorgan für Königswinter, Beiträge zum Bismarck-Nationaldenkmal, in: Jg. 1910, 27.1.1910; Jg. 1911, 18.2.1911, 3.6.1911, 27.11.1911 – Stadtarchiv Bonn: Go 636, Bismarckturm an der Elisabethstraße; Pr 30/33 n, Bismarck-Turm auf dem Venusberg; Pr 2056, Einrichtung eines Nationaldenkmals für Bismarck

Bismarck-Mythos im Siebengebirge und in der Region

Bismarck-Turm in der Rheinaue

Axel Thünker, 2014

BETTINA OESL

Das Volk und sein Kaiser

"Dem Landesherrn stürmische Ovationen"

„Kaisereiche", Bad Honnef-Rommersdorf
Axel Thünker, 2014

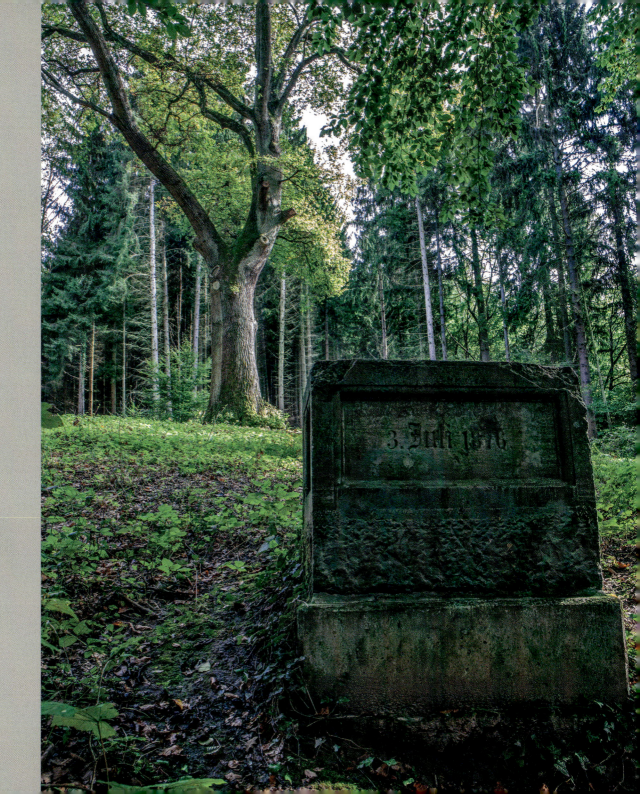

Dem Landesherrn stürmische Ovationen

Rheinpreußen

C. Scheuren (1810-1887);
Farblithographie, 1865-1868

Das Rheinalbum „Landschaft, Sage, Geschichte und Monumentales der Rheinprovinz" mit dem Untertitel „Rheinpreußen in seiner Vergangenheit und Gegenwart" ist das prachtvollste und reichste, das Caspar Scheuren anfertigte. In 21 Arabeskenblättern werden die historischen und dynastischen Bezüge zwischen dem Königshaus und der Rheinprovinz in vielfältiger Form dargestellt.

*Siebengebirgsmuseum/
Heimatverein Siebengebirge*

Als Kaiser Wilhelm II. im Juni 1902 an den Rhein kam, brachte die „Königswinterer Zeitung" auf der Titelseite das Porträt des Kaisers und reimte in einem Jubelgedicht „Dem Kaiser am Rhein" *Froher Gruß und herzliches Willkommen, Kaiser Wilhelm Dir, am deutschen Rhein; wo voll Jubel hat das Volk vernommen, dass Du kehrst in seine Heimat ein.* Weiter wird im Gedicht Bezug auf die Studienzeit von Wilhelm II. in Bonn genommen und in der letzten Strophe unter dem Motto *für Reich und Kaiser, das ist die Parole* die Verbundenheit des rheinischen Volkes mit dem Kaiser ausgedrückt.

Der Ablehnung des Preußischen im frühen 19. Jahrhundert hatte sich spätestens in den Jahren des Wilhelminismus nach 1890 mit der allgemeinen nationalen Begeisterung in eine Zustimmung zum neu geschaffenen Kaiserreich gewandelt und führte schließlich im katholisch dominierten Rheinland zur Aussöhnung mit dem preußischen Staat. Als Indiz für die Versöhnung kann die Benennung von Straßen nach Kaiser Wilhelm gesehen werden. 1891 bekommt Königswinter eine Wilhelmstraße und einen Augustaplatz, 1894 folgt die Wilhelmstraße in Honnef, und bereits seit 1893 gab es eine Wilhelmstraße in Oberkassel.

Eine besondere Affinität zum Rheinland hatte der spätere Friedrich Wilhelm IV. Als Kronprinz reiste er zum ersten Mal im Jahr 1813 an den Rhein. Schon seit frühester Ju-

Widmungsblatt „Ihro Majestät der Königin Augusta"

Caspar Scheuren (1810-1887); Farblithographie, 1863-1868

Königin Augusta, deren Zeichenlehrer Caspar Scheuren zeitweilig war, beteiligte sich an der Auswahl der dargestellten Orte. Ihr ist das Rheinalbum gewidmet. Wichtiges Merkmal der ausgewählten dargestellten Orte ist ihre historische Bedeutung für Preußen, dennoch werden auch aktueller Fortschritt und Wirtschaft – wie der Bau der Eisenbahn – gezeigt.

Siebengebirgsmuseum/Heimatverein Siebengebirge

gend war der Rhein sein Sehnsuchtsort, und er schrieb begeistert an seine Schwester: *Welch unbeschreiblich göttliche Gegend. Endlich habe ich den Rhein gesehen!!!!!!!* Einen längeren Aufenthalt gab es für ihn im Sommer 1815. Anfang Juli fuhr der Kronprinz per Schiff mit seinen Begleitern von Mainz über Ehrenbreitstein nach Köln, besuchte auf dem Weg u.a. die Insel Nonnenwerth und bestieg den Drachenfels. *Der Drachenfels stand gar zu göttlich da! Wir konnten dem Trieb nicht widerstehen [...] und klommen hinan; [...] 2mal ruhten wir, eh wir die kleine von den fürchterlichsten Abgründen umgebene Fläche erreichten, auf welchem dem Boltenstern, der bei Köln ertrank [...] ein großer Obelisk errichtet worden.*

Eine weitere Rheinreise unternahm der Kronprinz am 30. Oktober 1833. Ihm zu Ehren richtete die „Rheinisch-Preußische Dampfschifffahrtsgesellschaft" ein Festmahl im Hotel auf der Insel Nonnenwerth aus. Der Dichter und Pfarrer Wilhelm Smets feierte *Des Kronprinzen Jubelfahrt auf dem Rheine* mit einem romantischen Gedicht in drei Gesängen. *Und nun zurück das Schiff stromabwärts eilet, zur Insel, wo bereitet wird das Mahl.*

Traditionell wurde die Verbundenheit mit den Herrschern von der Bevölkerung feierlich an deren Geburtstagen begangen, die deutschen Einzelstaaten feierten auch noch nach 1871 ihre Staatsoberhäupter. Vor allem in den Schulen waren diese Tage etwas Besonderes. Allerdings sind die Feiern für die preußischen Könige nicht mit den späteren Kaisergeburtstagen zu vergleichen. Die Geburtstage von Wilhelm I. am 22. März und ab 1889 von Wilhelm II. am 27. Januar waren Feiertage mit nationalem Anspruch, ohne arbeitsfrei zu sein. Honoratioren und Vereine feierten den Kaisergeburtstag opulent, es wurden Hymnen und Lobpreisungen

Prinz Wilhelm vor der Kulisse des Siebengebirges

Fotografie von Theodor Schafgans, Bonn 1878 (Reproduktion)

Der spätere Kaiser Wilhelm II. studierte 1877-79 Jura an der Bonner Universität. Er bewohnte die neben der Vinea Domini gelegene Villa Frank in der Nähe des Bonner Hofgartens. Dieselbe Aufnahme, die auch für das Gruppenbild Verwendung fand, wurde hier vor eine Landschaftskulisse montiert.

Siebengebirgsmuseum/ Heimatverein Siebengebirge

angestimmt sowie Vorträge gehalten, die vom Kaiser, seinem vorbildlichen Leben und seinen Heldentaten handelten. Festbankette oder Feiern im Wirtshaus schlossen sich an. In den Orten, in denen Militär stationiert war, wurden Militärparaden abgehalten. Für die Schulkinder waren diese Feiertage eine willkommene Abwechslung im Schulalltag. Die Klassenzimmer wurden geschmückt und die Bilder der kaiserlichen Familie mit Moos umkränzt. Die gesetzlich vorgeschriebenen Feiern in der Aula beinhalteten Lobreden des Lehrpersonals und gemeinsames Singen von kaiserverherrlichenden und militärischen Liedern. Häufig wurde der Kaiser auch zur volksnahen Vaterfigur stilisiert. Beliebt war zum Beispiel das seit 1856 belegte Lied:

Der Kaiser ist ein lieber Mann,
er wohnt in Berlin,
und wär' das nicht so weit von hier,
so ging' ich heut' noch hin.
Wisst ihr, was ich beim Kaiser wollt'?
Ich gäb' ihm eine Hand,
und brächt' das schönste Blümchen ihm,
das ich im Garten fand.
Und sagte dann: In treuer Lieb'
bring' ich das Blümchen dir!
Und dann lief' ich geschwinde fort,
so wär' ich wieder hier.

Gesungen wurde das Lied bezeichnenderweise auf die Melodie von Mozarts „Üb immer Treu und Redlichkeit".

Die Kaisergeburtstage entwickelten sich zu perfekt inszenierten und einstudierten Großereignissen, die darauf abzielten, die nationale Gesinnung zu verstärken und die Persönlichkeit des Kaisers zu glorifizieren, aber auch anderen Staaten zu imponieren und diese dadurch einzuschüchtern. Auch die Bewohner des Siebengebirges zelebrierten regelmäßig Feiern zu Ehren des Kaisers. So begann in Königswinter der Tag mit Glockenläuten und Böllersalven, die Stadt war beflaggt. In den Schulen feierten, nach einem katholischen und einem evangelischen Gottesdienst, Schüler und Lehrer nach dem oben beschriebenen Muster. Im Jahr 1878 fand zum Beispiel mittags ein Fest-Diner im „Berliner Hof" statt, an dem über 70 Personen teilnahmen. Man sandte das übliche Glückwunschtelegramm an den Kaiser, und das Danktelegramm kam umgehend zurück.

Der Kronprinz bei den Bonner Borussen

Fotocollage nach Aufnahmen von Theodor Schafgans,
Bonn, 1878/79 (Reproduktion)

Prinz Wilhelm war direkt mit Semesterbeginn im Oktober 1877 dem Bonner Zweig des Corps Borussia beigetreten, das in den Folgejahren sehr beliebt wurde. Prinz Wilhelm erscheint in der Mitte der des Gruppenbildes.

Siebengebirgsmuseum/Heimatverein Siebengebirge

„**Deutschlands Kaiserpaar**"

Extrabeilage

Farblithographie, um 1898/1900

*Siebengebirgsmuseum/
Heimatverein Siebengebirge*

Die deutschen Kaiser selbst kamen nicht bis ins Siebengebirge. Ob Wilhelm II., als er von 1877 bis 1879 an der Bonner Universität studierte, mit seinen Corpsbrüdern von der „Borussia" möglicherweise einen Ausflug ins Siebengebirge gemacht hat, ist nicht belegt. Belegt ist hingegen eine Reise seines Vaters, des späteren Kaisers Friedrich III., als Kronprinz, die ihn im Dezember 1877 mit einem Personenzug durch Königswinter führte, wo er bei der Einfahrt von Schülern und Lehrern mit einem kräftigen Hoch empfangen wurde. *Am Bahnhofe selbst hatte sich die Spitze der Behörde sowie eine wesentliche Zahl Bürger eingefunden. Da der Zug nur eine Minute hielt so beschränkte sich auch hier der Ausdruck der Verehrung für den hohen Herrn in einem begeisterten Hoch, welches der Kronprinz von dem bereits wieder in Bewegung gesetzten Zuge aus lebhaft dankend entgegennahm.*

Eine Möglichkeit, Kaiser Wilhelm II. in Person zu sehen, hätte die Bevölkerung des Siebengebirges bei seinen offiziellen Besuchen in Bonn gehabt. Seine erste Reise ins Rheinland als Kaiser unternahm er im Mai 1891 und besuchte die Städte Düsseldorf, Köln und Bonn. Im April 1901 hielt er sich anlässlich der Immatrikulation des Kronprinzen vier Tage in Bonn auf. Am zweiten Tag unternahmen die hohen Herrschaften eine Fahrt nach Maria Laach und nutzten auf dem Rückweg den Rheindampfer „Kaiser Friedrich". Das gab den Anwohnern die Gelegenheit, Kaiser und Kronprinz zu feiern. Die „Bonner Zeitung" schrieb dazu: *Während der Talfahrt brachten die Uferbewohner dem Landesherrn stürmische Ovationen dar. Auf allen Seiten krachten Böller, die Hurrarufe pflanzten sich fort und wurden lauter und lauter je mehr man sich Bonn näherte.* Ein Jahr später, am 8. Juni 1902, kam er wieder an den Rhein, allerdings blieb er nur für einen Tag, um das 75-jährige Bestehen des Studenten-Corps „Borussia" zu feiern. Die rheinische Bevölkerung hatte insgesamt wenig Gelegenheit, den Kaiser tatsächlich zu sehen.

Aber die Deutschen mussten Kaiser Wilhelm II. gar nicht persönlich erleben, um

DAS VOLK UND SEIN KAISER

Die kaiserliche Familie

Zwei Farblithographien, 1893

Kaiser Wilhelm II. mit dem Kronprinz Wilhelm sowie den Söhnen Adalbert und Eitel Friedrich, 1892, und Kaiserin Auguste Viktoria mit den Prinzen August Wilhelm, Joachim, Oskar und Prinzessin Viktoria Luise. Solche scheinbar privaten Einblicke in die kaiserliche Familie erfreuten sich bei vielen Untertanen großer Beliebtheit.

Kölnisches Stadtmuseum

an seinem Leben teilnehmen zu können, denn er war ein Medienkaiser. Geschickt inszenierte er sich als Herrscher von Gottes Gnaden mit Fotografien, Postkarten und in Filmen. Was uns heute oft lächerlich erscheint, empfanden die Zeitgenossen als Symbole von Macht, Stärke, Reichtum und Überlegenheit. Unzählige sorgfältig arrangierte Fotografien zeigen Wilhelm in Uniform, mit Adlerhelm und Schaftstiefeln, in würdevoll-offizieller Haltung und mit strengem Blick. Für die meisten Deutschen bedeuteten diese Inszenierungen Macht und Männlichkeit. Für sie stand der Kaiser für ein starkes Deutsches Reich.

Literatur und Quellen

Röhl, John C. G.: Wilhelm II., der Aufbau der persönlichen Monarchie 1888-1900, München 2001 – Röhl, John C. G.: Kaiser, Hof und Staat, Wilhelm II. und die deutsche Politik, München 1995 – Zeese, Andreas: Der Herrscher als Tourist, Die Rheinreise des preußischen Kronprinzen Friedrich Wilhelm 1815, in: Heimatjahrbuch Landkreis Main-Bingen 56 (2012), S. 133-137

Bonner Zeitung 26.4.1901 – Echo des Siebengebirges 19.12.1877 – Königswinterer Zeitung 17.6.1902 – Smets, Wilhelm: Des Kronprinzen Jubelfahrt auf dem Rheine am 30. Oktober 1833, Romantisches Gedicht in drei Gesängen, Köln 1833

Axel Thünker

Der in Erftstadt-Gymnich geborene Photograph lebt in Bad Münstereifel.

Nach der Ausbildung als Vermessungstechniker wechselte er in die Luftbildphotographie und absolvierte eine Ausbildung zum Photographen. Während seiner Tätigkeit als Photograph im Rheinischen Landesmuseum/Rheinisches Amt für Bodendenkmalpflege in Bonn legte er 1987 seine Meisterprüfung in Düsseldorf und Köln ab. Seit 1990 ist er bei der Stiftung Haus der Geschichte der Bundesrepublik Deutschland in Bonn tätig.

Seit Mitte der 80er Jahre präsentiert er seine freien Arbeiten in zahlreichen Ausstellungen und Publikationen, die sich überwiegend mit der Landschaftsphotographie sowie mit archäologischen und historischen Themen beschäftigen.

1991 wurde er in die Deutsche Gesellschaft für Photographie (DGPh) berufen.

Am Rhein

Axel Thünker, 2015

Bildnachweis

(Seitenangaben)

Bad Honnef, Archiv der Ev. Kirchengemeinde; 89-90

Bad Honnef, Archiv Gutenberghaus, 86

Bad Honnef, Dieter Habicht-Benthin, 39

Bad Münstereifel, Axel Thünker DGPh, 12-13, 22-23, 30-32, 41-42, 47, 49, 55-57, 65-66, 69, 76-77, 84-85, 91-92, 94-95, 101, 103, 108, 111-112, 118, 119, 122-127, 137, 141, 143, 147-148, 154-155, 162-163, 169, 171, 181, 183, 190-191, 197, 199, 207

Bonn, Archiv und Wissenschaftliche Bibliothek, 62 oben, 115 oben, 144, 192

Bonn, LVR-Landesmuseum, 8

Bonn, Sammlung RheinRomantik; Foto: Jean-Luc Ikelle-Matiba, 67, 78-79, 83, 138, 153

Bonn, StadtMuseum, 185

Köln, Bezirksregierung Köln, Abteilung GEObasis.nrw (ehemals Landesvermessungsamt NRW), 74, 75

Köln, Dombauhütte, 130 unten (Foto: W. Kralisch), 134 (Foto: W. Kralisch), 135, 139 links (Foto: Matz und Schenk), 140 (Foto: Matz und Schenk)

Köln, Kölnisches Stadtmuseum, 194 unten, 205

Köln, Rheinisches Bildarchiv, 14, 59 (RBA 095882), 97 (RBA c012320), 193 (RBA 165637), 194 oben (RBA 155345),

Königswinter, Siebengebirgsmuseum, 10, 15, 16, 17, 18, 20-21, 26 (aus: Centralblatt der Bauverwaltung, 4.6.1890, S. 225), 28 (aus: Centralblatt der Bauverwaltung, 14.6.1890, S. 242), 29, 33-35 oben, 43, 45 links, 51 links, 51 rechts (aus: Wolfram, Josef u. Klein, Adolf (Hg.): Rechts und Rechtspflege in den Rheinlanden, Köln 1969, S. 65), 52 (aus: ebenda, S. 165), 53, 54 rechts (aus: Erweiterungsbau des Amtsgerichtes Königswinter. Dokumentation zur Eröffnung am 14. Juni 2002, hg. vom Oberlandesgericht Weilerswist, 2002), 58, 60-62 unten, 70, 81-82, 93, 96, 99, 105-107, 109, 113-114, 121, 128-129, 130 oben, 131, 132, 139 rechts (aus: Wiens, Luise: Freiligrath-Briefe. Stuttgart, Berlin 1910, Frontispiz), 149-151, 156-158, 166, 167, 175, 176, 160 (aus: Högg, Emil: Ladeneinrichtungen in alten Häusern. 111. Flugschrift zur Ausdruckskultur, hg. Vom Dürerbund, München 1913, S. 25), 189 links, 200-201

Königswinter, Siebengebirgsmuseum; Foto: Ulrich Dohle, 50

Königswinter, Siebengebirgsmuseum; Foto: Olaf Schumacher, 19, 24, 35 rechts, 54 links, 53, 72, 87, 88, 115 unten, 116, 120, 142, 164, 165, 172-173, 177-179, 189 rechts, 202-204

Mainz, Generaldirektion Kulturelles Erbe Rheinland-Pfalz; Foto: Ulrich Pfeuffer, 44

Pulheim-Brauweiler, Archiv des Landschaftsverbandes, 25

Oberkassel, Heimatverein, 63, 186-187

Siegburg, Archiv des Rhein-Sieg-Kreises, 184

Siegburg, Katasterarchiv des Rhein-Sieg-Kreises, 71

Wuppertal, Stiftung Sammlung Volmer, 104